TARSO DE CASTRO
75 KG DE MÚSCULO E FÚRIA
TOM CARDOSO

Tom Cardoso © 2005

Edição: Leonardo Garzaro e Felipe Damorim
Assistente Editorial: Leticia Rodrigues
Arte: Vinicius Oliveira e Silvia Andrade
Revisão: Miriam de Carvalho Abões
Preparação: Lígia Garzaro e Ana Helena Oliveira

Conselho Editorial:
Felipe Damorim, Leonardo Garzaro, Lígia Garzaro,
Vinicius Oliveira e Ana Helena Oliveira.

Dados Internacionais de Catalogação na Publicação (CIP)
(Câmara Brasileira do Livro, SP, Brasil)

C268t

Cardoso, Tom
 Tarso de Castro: 75 Kg de músculo e fúria / Tom Cardoso. – Santo André - SP: Rua do Sabão, 2023.
 216 p.; 14 x 21 cm

 ISBN 978-65-81462-19-2

 1. Castro, Tarso de, 1941-1991. 2. Jornalistas - Biografia - Brasil. I. Cardoso, Tom. II. Título.

CDD 920.5

Índice para catálogo sistemático
I. Castro, Tarso de, 1941-1991 : Jornalistas - Biografia - Brasil
Elaborada por Bibliotecária Janaina Ramos – CRB-8/9166

[2023] Todos os direitos desta edição reservados à:
Editora Rua do Sabão
Rua da Fonte, 275 sala 62B - 09040-270 - Santo André, SP.

www.editoraruadosabao.com.br
facebook.com/editoraruadosabao
instagram.com/editoraruadosabao
twitter.com/edit_ruadosabao
youtube.com/editoraruadosabao
pinterest.com/editorarua
tiktok.com/@editoraruadosabao

Para Dani Mattos

Senhora, eu vos amo tanto, que até por vosso marido me dá um certo quebranto.

Mário Quintana

Prefácio

Embora sempre tenha preferido as amigas, tive grandes amigos na minha vida, homens especiais que me ensinaram, sem nem saber que o faziam, e contribuíram para meu processo de individuação — se me permitem essa palavra pretensiosa. Fiz essas amizades essenciais nas três fases principais de minha existência até o momento: a primeira na minha Porto Alegre natal, a segunda relativamente curta, mas importante para mim, na Bahia e, finalmente, a terceira que já dura mais de quarenta anos, no Rio de Janeiro. Não vou citá-las nominalmente aqui, deixo para fazer isso numa oportunidade mais própria, não é necessário. Basta, agora, lembrar um desses caras: Tarso de Castro.

Embora tenha conhecido Tarso em Porto Alegre, só nos tornamos companheiros no Rio, foi uma amizade da minha fase carioca, bem no seu começo. Eu viera da Bahia para o Rio, reencontrei Tarso e ele imediatamente me convidou para escrever no jornal que começava a editar, o Panfleto, de Leonel Brizola. A publicação não durou muito; veio o golpe de 1964, ela foi fechada, e não vi Tarso por uns tempos.

Mas aí ele reapareceu com o projeto do "Pasquim" para o qual também me convidou. Nossa relação se estreitou e, a partir daí, participei desde seus princípios de praticamente todos os projetos jornalísticos de Tarso — "Jornal de Amenidades" (JA), Enfim, Careta, "O Nacional" — além de termos sidos colegas nos grandes diários do Rio "Última Hora" e "O Jornal", em cujas redações nos encontramos, contratados independentemente por seus editores.

Tenho muitas memórias de meu amigo.

Por exemplo: lembro uma tarde, em que eu estava em casa no Leblon, a campainha tocou e, quando abri a porta, Tarso entrou conduzindo Candice Bergen. Formavam um casal pitoresco. Ela era esportiva, atlética, não bebia. E o único esporte que ele praticava era o tal levantamento do copo.

Aliás, bebemos muito no Flag, na Plataforma, no Antonio´s, etc. A bebida certamente o matou, mas ele não ligava. Só sobrevivi porque parei a tempo. Tentei trazê-lo para meu novo caminho, ele não quis saber, fazia troça. Acabei desistindo. Lembrei que, quando fazíamos o Panfleto, fomos beber, num fim de tarde, num bar de Ipanema e ele declarou:

— Não quero viver muitos anos. Já notei que, quando o cara fica velho, a vida dele fica sem graça. Quero viver muito, intensamente, agora. Depois que fizer quarenta anos, acabou.

E Tarso se foi, aos quarenta e nove anos.

Foi meu mestre. Meu curso de jornalismo, feito inteiramente na prática, teve Tarso como principal professor. Tive outros mas nenhum que tivesse me ensinado tanto e com tal profundidade. Tarso era um jornalista nato, completo, uma verdadeira encarnação viva do jornalismo. Durante os anos de nossa convivência, foi a minha principal fonte de informação. Tarso ficava logo sabendo de tudo que acontecia com uma naturalidade espantosa, ele vivia para aquilo.

O principal cenário de nossa convivência, além das redações em que trabalhávamos, eram bares e restaurantes da zona sul do Rio. Tarso conversava, bebia — e telefonava! Aparentemente teria adorado a invenção posterior do celular. Mas talvez não. Acho que ele gostava de se afastar da roda de que participava deslocando-se sozinho até o telefone do estabelecimento para desfrutar de alguns momentos de privacidade. Quando voltava, contava novidades. Mas às vezes, fazia mistério. Eu logo percebia que tinha sido conversa com mulher.

Essa parte de sua personalidade — o amante, ou mulherengo — era a única que podia rivalizar em importância com sua porção jornalista. Rivalizar mas não superar. O maior prazer de Tarso era varar uma noite inteira trabalhando não só na redação mas também nas oficinas. Eu ficava perplexo ao perceber sua alegria em passar tanto tempo nesses dois ambientes — que, cá entre nós, não são muito agradáveis para criaturas normais — para sair depois do nascer do sol. Esse prazer estava certamente na raiz de suas qualidades. Tarso era excelente repórter, um entrevistador excepcional, um cronista muito engraçado (veja-se seu livro *Pai Solteiro*, que tinha de ser relançado) e, acima de tudo, um editor sensível e audacioso. Queiram ou não, foi ele, apenas auxiliado pela situação política que o Brasil então vivia, o verdadeiro responsável pelo sucesso inicial do "Pasquim".

A tais qualidades profissionais, ele juntava a sua coragem característica. Lembro de seu comportamento durante a nossa prisão na Vila Militar, durante a ditadura. Trancafiados sem grandes satisfações quanto a motivos e objetivos da medida, não podíamos ter ideia nenhuma sobre qual seria nosso futuro. Tarso não se deixava abater, seu assunto favorito de conversa era sobre o que faríamos quando saíssemos dali.

No final de nosso tempo em cana, foi o único da turma a protestar, por escrito, contra uma violência cometida contra um de nós. Isso irritou os militares e, quando fomos soltos, Tarso não só permaneceu preso como também foi colocado numa solitária em local ermo por mais quinze dias. Não saía da cela que só tinha teto na metade, a outra ficava ao ar livre, com uma pia, uma privada e uma cama de campanha. A comida (sic) era passada, uma vez por dia, por baixo da grade da cela. Mas nada disso conseguiu abalá-lo.

Enquanto era conduzido à solitária, na Vila Militar, um militar que o escoltava comentou com um sorriso sinistro:

— Ninguém, nunca mais, ouve falar de quem vai para esse lugar aonde estamos te levando. Some pra sempre.

Felizmente, não foi assim, muito se ouviu falar de Tarso depois disso. Eu o encontrei logo no primeiro dia de liberdade. Estava bem-disposto, rindo de tudo, era um guerreiro de verdade.

E, ainda hoje, felizmente, ouve-se falar de Tarso de Castro. Neste livro, por exemplo. Em mim, despertou muitas lembranças e saudades. Para muitos outros, especialmente os leitores das novas gerações, será a revelação de uma figura profissional importante na história do jornalismo brasileiro, como um dos responsáveis por sua modernização. Mas, mais do que isso, este livro é importante por preservar a memória de uma figura humana inesquecível.

Luiz Carlos Maciel

Capítulo 1

Na hora H

Dezessete de setembro de 1968. Como de costume, Samuel Wainer, dono da *Última Hora*, inicia a leitura pela página 2. Passa os olhos na coluna de Danton Jobim, diretor-presidente do jornal, considerado por Samuel "um liberal com suficiente flexibilidade ideológica para aderir a qualquer regime político", pois escrevia com austeridade, sem ironias nem provocações, ao gosto do chefe. Do outro lado da página, brilhava a coluna de Moacir Werneck de Castro, secretário de redação, que, apesar de primo-irmão de Carlos Lacerda —inimigo mortal de Samuel —, era o homem de confiança do patrão desde os tempos em que ambos trabalhavam na revista *Diretrizes*, fechada pelo Estado Novo de Getúlio Vargas.

Samuel encerra a leitura da página 2 atento às notas da coluna "Hora H". Mal pode acreditar no que acaba de ler:

"Sob a inspiração do governador Israel Pinheiro, revolucionário autêntico, inicia-se em Minas Gerais o diálogo entre estudantes e policiais: dez homens foram treinados, no Dops, durante quatro meses, para aplicar golpes mortais de caratê e outros dos mais avançados métodos de luta. Eles formarão, agora, a linha de frente contra os movimentos estudantis e continuarão, inclusive, com um veículo especial munido de dispositivos especiais para lançamento de gases, seis fuzis e quatro metralhadoras — sendo protegidos por chapas de aço. Os dez policiais especialmente treinados não poderão ser usados para a captura de ladrões ou assassinos, sua função específica é enfrentar os perigosíssimos estudantes e suas potentes armas, tais como lápis e papel."

Apesar de localizada no pé da página, a "Hora H" era o termômetro do jornal. Reservada para os bastidores da política nacional, vinha perdendo o viço e o charme nos últimos anos. Seu titular, Flávio Tavares, obrigado a conciliar a coluna com o trabalho de chefe de reportagem, não tinha mais tempo para se dedicar com o mesmo afinco às duas atividades, e havia sugerido ao patrão que ele colocasse outro jornalista para tocar a coluna. Samuel acatou o pedido, desde que Flávio, o mais bem-informado colunista político do jornal, indicasse alguém à altura para substituí-lo. Para surpresa de todos, o chefe de reportagem escolhera um homem pouco conhecido, de apenas 27 anos, mas que, segundo Flávio, escrevia com a segurança de um veterano e ganhara fama em Passo Fundo, sua cidade natal, e no *UH* de Porto Alegre, pela coragem e atrevimento com que provocava autoridades locais. Seu nome: Tarso de Castro.

Samuel não queria saber dos feitos do jovem colunista. "Onde já se viu desafiar os brucutus do Dops com essa história de 'armas de lápis e papel'"? Por sorte, o governador Israel Pinheiro, chamado por Tarso de "revolucionário autêntico", não estava identificado com a linha dura do Exército, que tomara conta do governo Artur da Costa e Silva, segundo presidente do regime militar instaurado em 1964. O clima de radicalização política, que vinha ganhando corpo desde o início de 1968, agravara-se depois que o deputado Márcio Moreira Alves, do MDB, decidira denunciar as arbitrariedades do regime, durante discurso no Congresso Nacional, no dia 2 de setembro.

Para quem como Samuel, desencantado com os rumos do país, havia decidido manter o *UH* em banho-maria, adotando uma postura nem condescendente com os militares, nem de ataque, até que as finanças melhorassem e ele pudesse vender o jornal sem grandes prejuízos, a coluna de Tarso de Castro era de uma "molecagem imperdoável". Mesmo furioso, Samuel decidiu esperar o próximo texto do novo titular da "Hora H" para tomar alguma providência. Quem sabe aquele não havia sido apenas arroubo de principiante, deslumbrado com um espaço poderoso no jornal. No dia seguinte, 18 de setembro de 1968, abriu a página 2 e inverteu a ordem de leitura, começando logo pela "Hora H". Atônito, não conseguiu passar da terceira linha:

"O ministro da Justiça, Sr. Gama e Silva, anda muito preocupado com os 'pontos falhos' do Ministério. E isso porque muitos dos seus geniais planos são revelados pela imprensa antes da sua concretização, o que diminui o impacto junto à opinião pública. Por isso mesmo o Ministério está tratando de afastar todos aqueles elementos sobre os quais recaia qualquer suspeita de transmitir informações à imprensa. Gama está cada vez mais convencido de que os jornais são culpados por metade do que acontece no Brasil. Só o poder de censurar a imprensa já faz com que o ministro da Justiça passe a noite a embalar seu sono pelo alegre sonho de decretação do estado de sítio."

Afrontado abertamente por Tarso de Castro, o ministro Gama e Silva, ao contrário do discreto Israel Pinheiro, alvo anterior do colunista, primava pelo exibicionismo e pela truculência. Orgulhava-se de ser o orientador do Comando de Caça aos Comunistas, o CCC, formado por jovens da ultradireita, que tinham como passatempo predileto espancar covardemente estudantes e artistas ligados a movimentos de esquerda — dois meses antes, no dia 17 de julho, em São Paulo, o CCC havia agredido com pedaços de pau atores da peça *Roda-Viva*, dirigida por José Celso Martinez Corrêa.

Dias depois de ter tomado um esporro diante de toda a redação, Tarso de Castro já era uma estrela da *Última Hora*, e titular da coluna mais lida do jornal. Samuel rendeu-se aos poucos ao seu estilo irresponsável e iconoclasta, a ponto de conceder-lhe um generoso aumento de salário — àquela altura, Tarso ganhava o dobro de seu "tutor", Flávio Tavares. O risco de ter o jornal fechado por causa do atrevimento do jovem colunista foi temporariamente esquecido por Samuel, que era grato pelo aumento de vendas e pela revalorização da coluna "Hora H".

Os comentários sarcásticos de Tarso eram enriquecidos pelo traço de um cartunista tão debochado quanto ele, que Sérgio Porto, seu chefe no Banco do Brasil, reprovava como escriturário (em anos de casa, continuava catando milho na máquina de escrever), mas louvava sua irresistível vocação para a sátira política: Sérgio Jaguaribe, o Jaguar. Aos 36 anos, metade deles dedicada aos bares de Ipanema, Jaguar vinha de passagens pelas revistas *Senhor* e *Pif-Paf*, ambas vítimas da ditadura, e se sentia de uma certa forma vingado pela maneira como a "Hora H" tirava os militares do sério.

Tarso, além de Jaguar, contava com outro colaborador de peso, que não tinha tempo para beber com ele em Ipanema, pois trabalhava mais de 12 horas por dia, conciliando o trabalho de editor de política na *UH* com o de repórter da sucursal carioca da *Folha de S. Paulo*, rotina que lhe rendeu olheiras enormes e broncas homéricas de Samuel Wainer:

— Sérgio Cabral, mais uma vez atrasado!

— Nem tanto quanto o pagamento! — respondia, de bate-pronto, o insone editor de política, provocando gargalhadas da redação e do próprio chefe.

Lugar de gente atrevida era na coluna de Tarso. Cabral aos poucos foi deixando o cargo de editor de política para virar um "assistente de luxo" da "Hora H", cada vez mais identificada com o estilo de seu autor: polêmico e desbocado. Samuel, no início desconfiado, passara a se deliciar com o destempero de Tarso, ainda mais quando os alvos da coluna eram históricos desafetos seus, como o jornalista David Nasser:

"Em sua habitual pose de falso moralista, o Sr. David Nasser está em plena campanha contra os estudantes 'assassinos' e a liberdade de imprensa e faz rasgados elogios à salutar atuação do CCC, essa organização encarregada de raptar atrizes, depredar teatros e praticar outros variados atentados terroristas. No caso de David — ou Caim? — não é opção: é coerência mesmo."

Promovido ao primeiro time de colunistas da *Última Hora*, Tarso converteu-se em *habitué* das reuniões que Samuel promovia em sua cobertura na avenida Vieira Souto, em Ipanema. O anfitrião não precisou apresentá-lo a ninguém. Com cinco anos de Rio de Janeiro — mudara definitivamente de Porto Alegre para a cidade em 1963 —, Tarso já era amigo do peito de metade da população de Ipanema — a outra metade era de desafetos, que ele conquistara com a mesma velocidade. Para Samuel, era espantoso ver aquele garoto de Passo Fundo conversando com Sérgio Porto e Maneco Müller, mitos do jornalismo carioca, como se fosse um velho amigo de copo da boate Vogue, o ponto de encontro de intelectuais e artistas nos anos 1950.

No meio da madrugada, Samuel se despedia dos convidados e rumava, acompanhado de Tarso, para a redação da *UH*, na Praça da Bandeira, no centro do Rio, para conferir a impressão do jornal. Liam a edição ainda cheirando a tinta e de lá esticavam a noite na boate Sucata, de Ricardo Amaral, ou no Antonio's, no Leblon, onde Bárbara Oppenheimer, mulher de Tarso, já os esperava. Linda, filha de uma família tradicional de Porto Alegre, Bárbara, uma espécie de "Sophia Loren germânica", despertara o desejo de dez entre dez amigos de Tarso, mas nada parecido com o que provocava num ex-crítico de teatro, que enlouquecia toda vez que a via nas reuniões na cobertura de Samuel. Em comum com a musa, o fã só tinha o nome de origem alemã, que Franz Paul Trannin da Matta Heiborn, por sugestão do diretor de teatro Paschoal Carlos Magno, havia abrasileirado para Paulo Francis.

Tarso e Francis tinham tudo para ser inimigos mortais. Alimentavam uma paixão pela mesma mulher, mas possuíam biografias distintas. Tarso era descendente de espanhóis e italianos; Francis, de alemães e franceses. Tarso começara a trabalhar aos 13; Francis com 27. Tarso, ainda com espinhas, já bebia cachaça com os funcionários do jornal de seu pai; o adolescente Francis sonhava em ser padre. Tarso mal conseguia conjugar o verbo *to be*; Francis se orgulhava de ler originais de Bernard Shaw e Faulkner. Tarso era bonitão, falava alto e tinha a estranha mania de beijar os amigos na boca; para Francis, dispensado do teatro por excesso de fealdade e timidez, intimidade se resumia a um aperto de mão. Tarso se gabava de ter levado para a cama todas as mulheres que quis; Francis cultivava paixões platônicas por todas as mulheres que um dia sonhou em levar para a cama — inclusive Bárbara Oppenheimer.

Ao passo que Tarso conquistava o mulherio com dúzias de rosa e recitando poemas de Mário Quintana ("Senhora, eu vos amo tanto/ Que até por vosso marido/ Me dá um certo quebranto", era o seu verso favorito), Francis preferia métodos menos ortodoxos: discutia por horas a contribuição do ceticismo de Henry Louis Mencken para a humanidade, ao som de uma ópera de Wagner e o olhar vigilante de Leon Trotsky, que enfeitava as paredes de seu apartamento na rua Barão da Torre, em Ipanema. Segundo Tarso, só havia uma saída para as mulheres que passavam pelo quarto de Francis: dormir. Se resistissem por mais de dez minutos, viravam lésbicas para sempre.

Mas havia algo em comum entre Tarso e Francis, que passava por cima de todos os antagonismos possíveis: a admiração por Leonel Brizola. O primeiro comprou brigas homéricas no Fiorentina, no Leme, em defesa do ídolo. O segundo varou madrugadas no Jirau, em Copacabana, tentando convencer Sérgio Porto e Antônio

Maria a entrarem para o Grupo dos Onze. Para Tarso, criado em berço trabalhista, defender o brizolismo era uma profissão de fé. Já o fascínio de Francis pelo político gaúcho era visto pelos amigos com uma certa desconfiança — afinal, mais tarde, ele nutriria o mesmo entusiasmo pelo economista Roberto Campos, símbolo maior da direita brasileira. Era de Joel Silveira, "a víbora", a melhor definição sobre Paulo Francis: "Ele é o cara que passou para a direita porque não tinha mais com quem conversar na esquerda."

Tarso adorava Francis, independentemente da esquizofrenia ideológica. Tomava os elogios do jornalista a Roberto Campos como mais uma de suas provocações. Identificava-se com sua veia polemista e não perdia uma só edição do caderno dominical que Francis editava no *Correio da Manhã*. Era também leitor assíduo da revista *Diner's*, outra publicação tocada pelo jornalista, que Tarso fazia questão de divulgar na coluna "Hora H":

"Paulo Francis avisando que a sua revista *Diner's* vai melhorar mais ainda, sendo lançada nas bancas em setembro, contendo colaborações de Drummond, Paulo Mendes Campos e Antonio Callado. O Brasil vai ter uma revista não provinciana, finalmente."

O colunista curtiria por pouco tempo sua revista predileta. Em dezembro de 1968, o ministro da Justiça Gama e Silva, o mesmo que Tarso ironizara três meses antes, havia perdido de vez o bom humor. Por ordem do presidente

Costa e Silva, Gama e Silva anunciava à nação a implantação do Ato Institucional n. 5. Com o AI-5, o presidente passava a ter poderes para fazer o que lhe desse na telha: fechar o Congresso, cassar mandatos, intervir nos estados e municípios, suspender direitos políticos e exacerbar a censura à imprensa. Jornais e revistas, sobretudo os não provincianos, estavam com os dias contados. Defender Brizola, só em botecos de Ipanema.

*

Samuel recebeu o anúncio da decretação do AI-5 como um golpe de misericórdia. A presença de três censores na redação — dois coronéis e um major — sepultou o último resquício de liberdade do jornal. Conformado, o dono da *UH* passou a fazer o jogo dos militares — tinha plena consciência de que aquilo que ele dirigia não era mais um jornal —, a ponto de publicar na primeira página, para desgosto de Tarso e Sérgio Cabral, entusiastas da nova cena musical brasileira, um soneto composto por um coronel em resposta à canção de Geraldo Vandré "Pra Não Dizer que não Falei de Flores". A música, que o oficial cantou com lágrimas nos olhos diante de toda a redação, faria chorar, de vergonha, o mais ordinário dos compositores: "Tu, Vandré, que andas pela noite/ No chopinho do Castelinho/ Que sabes da nossa pátria?" Nem a dupla Dom e Ravel, porta-voz oficial da ditadura, aceitaria gravá-la.

Sob o tacão do AI-5, a imprensa se calou. Além da *Última Hora*, de Samuel Wainer, outro jornal igualmente inovador agonizava nas mãos dos militares: o *Correio da Manhã*. Dirigido por Niomar Muniz Sodré desde a morte do marido Paulo Bittencourt, em 1963, o jornal acabara vítima da própria indecisão política. Leal à sua tradição legalista, o *Correio* apoiara a posse de João Goulart, para logo depois fazer oposição ferrenha ao governo, a ponto de publicar editoriais favoráveis à renúncia de Jango. Sugestão acatada, o jornal viveria uma breve lua de mel com Castello Branco, até a assinatura do Ato Institucional n. 1, quando mudou de lado novamente, denunciando os excessos do regime militar, abusos intensificados com a chegada do AI-5. Presa diversas vezes pelo Dops, restou a Niomar Muniz arrendar o *Correio da Manhã* a um grupo de empreiteiros, em 1969.

Os jornais que sobreviveram ao AI-5 tiveram de se adequar rapidamente aos novos tempos. Para alguns, a transição foi simples e sem grandes traumas, para outros, penosa e melancólica. No Rio, o *Jornal do Brasil*, comandado por Alberto Dines, resistiu quanto pôde. Paradigma de bom jornalismo desde a reforma editorial e gráfica tocada por Jânio de Freitas e Amílcar de Castro, no fim dos anos 1950, e continuada por Dines na década seguinte, o *JB* conspirou contra o regime militar enquanto teve fôlego: em setembro de 1968, a três meses do AI-5, publicou um texto assinado por ninguém menos que

Carlos Marighella, cujo conteúdo não podia ser mais subversivo: uma cartilha explicando como organizar um foco guerrilheiro.

Depois do AI-5, cinco majores acamparam dentro da redação do *JB*. Dines não teve de publicar nenhum soneto composto por oficial, mas teve de abusar das metáforas para passar ao leitor a suspeita de que algo nebuloso ocorrera no país depois daquele 13 de dezembro. Na previsão meteorológica, apesar da semana de sol escaldante no Rio, a edição do *JB* do dia 14 alertava: "Tempo negro. Temperatura sufocante, o ar está irrespirável, o país está sendo varrido por ventos fortes." No dia seguinte, tomado por dezenas de oficiais, o *JB* não pôde repetir a artimanha e, dali em diante, passaria a publicar o jornal ao gosto de Costa e Silva, caprichando nas palavras cruzadas.

Enquanto outros proprietários de jornais eram presos pelo regime — Hélio Fernandes (que, ao contrário do irmão, Millôr Fernandes, sempre foi preso), da *Tribuna da Imprensa*, fazia um rodízio pelas cadeias do Rio —, Roberto Marinho, o todo-poderoso proprietário de *O Globo*, deleitava-se a bordo de seu iate *Tamarind*, distante dos acontecimentos políticos. Agradecido ao governo Costa e Silva pelo decreto que isentava as empresas de rádio e televisão do pagamento de impostos sobre equipamentos importados — medida fundamental para o crescimento de sua "menina dos olhos", a TV Globo —, Marinho não bateu pé contra o AI-5. Pelo contrário: dirigiu alguns gracejos aos militares, criticando abertamente Fidel Castro e Che Guevara, os ídolos da esquerda brasileira.

Em São Paulo, o mais poderoso jornal da cidade, *O Estado de S. Paulo*, de Júlio de Mesquita Filho, reagia com perplexidade ao AI-5. Assim como a maioria dos grandes meios de comunicação, o jornal havia atacado duramente o governo João Goulart e apoiado o golpe, mas de aliado passara a vítima do regime. Júlio Mesquita Filho redigira do próprio punho um editorial contra Costa e Silva, tecendo críticas ao abuso de poder, mas pouco pôde fazer a partir dali — o *Estadão* só iria acordar anos mais tarde, em 1972, quando, desfigurado pela censura, publicaria receitas culinárias e poemas no lugar dos textos, como forma de protesto.

Principal concorrente do *Estadão*, a *Folha de S. Paulo*, de Octávio Frias de Oliveira, teve ainda menos poder de fogo para brigar com a censura. Obrigada a afastar articulistas e colaboradores de peso, a *Folha* pós-AI-5 havia se transformado, na definição de Cláudio Abramo, o editor-chefe, num "imenso ramerrão".

*

Em tempos de AI-5, Tarso de Castro não podia mais contar com a benevolência de Samuel Wainer. De nada adiantaria desrespeitar a linha editorial do jornal e dar uma cutucadinha de leve em Delfim Netto ou em algum outro figurão do regime – o texto certamente não passaria pelo crivo dos censores. O jeito era apelar para uma arma que ele sabia usar muito bem desde os tempos de colunista em Passo Fundo: a ironia. Na coluna de 3 de março de 1969, enquanto os jornais do país inteiro se limitavam ao factual, a coluna "Hora H" publicava uma lista de seis pedidos a Costa e Silva.

Tarso não queria saber quando o presidente voltaria a dar legitimidade ao Congresso, quando respeitaria novamente as decisões judiciais ou convocaria eleições diretas. Suas reivindicações eram mais nobres: o governo tinha de tomar, com urgência, alguma atitude contra o casamento da atriz e *socialite* Regina Rosemburgo, musa de Ipanema, com um estrangeiro, o milionário francês Gerard Lecléry. Também não podia deixar de punir o colunista Ibrahim Sued, que insistia em deixar Sílvia Amélia Marcondes Ferraz fora de sua lista de dez mulheres mais bonitas do Rio. O sexto e último pedido de Tarso ao presidente era ainda mais insolente:

"Não estará o governo atento aos problemas sociais? Se está, já sabe que eu e o Carlinhos Oliveira fomos obrigados a reduzir a nossa dose de alimentos de primeira necessidade em razão do violento, inexplicável e ultrajante aumento do preço do uísque escocês?"

A sátira política não era novidade na imprensa brasileira. Sérgio Porto e Antônio Maria já a faziam com imensa competência na própria

Última Hora. Mas ao escolher o deboche como uma das armas contra a tirania de um regime, Tarso começava a dar forma àquela que seria a maior sacada editorial dos últimos tempos, um tabloide que misturaria a alegria da esquerda festiva de Ipanema com as tradições do bom jornalismo. O nome, já estava guardado em seu subconsciente: *O Pasquim*, epíteto com o qual o pai de Tarso, Múcio de Castro, esculhambava o jornal concorrente em Passo Fundo.

Capítulo 2

Do leite à cachaça

Uma simples mudança "alimentar" havia melhorado o humor dos linotipistas de *O Nacional*, principal gazeta de Passo Fundo. Até o início dos anos 1950, a empresa seguia a cartilha adotada pelos outros jornais da região — distribuía um litro de leite para cada empregado da linotipia por acreditar que a bebida amenizava os efeitos do contato diário com o chumbo derretido. O antídoto virou veneno quando se descobriu que o leite, depois de calcificado, duplicava a ação da substância nos pulmões. Uniu-se, então, o útil ao agradável: o litro de leite foi substituído por um copo de cachaça e não se falou mais no assunto.

O caçula da turma de linotipistas, de 13 anos, nunca mais bebeu leite. E pobre de quem tentasse convencer o guri a trocar o gole de cachaça por um suco de laranja. Tarso de Castro, além de turrão, era filho do proprietário do jornal, Múcio de Castro, e gozava de certas regalias, mesmo a contragosto do pai, famoso pelo rigor e austeridade com que dirigia o maior jornal de Passo Fundo, cidade localizada no interior do Rio Grande do Sul.

Nascido no dia 11 de setembro de 1941, primogênito de uma família de seis irmãos, Tarso passara parte da infância dentro de *O Nacional*, fazendo milhões de perguntas ao editor, ao chefe de redação, aos repórteres. Aos 13, já se considerava um jornalista maduro. A mãe, dona Ada, achava graça no exibicionismo do filho, mas o pai tratou de fazê-lo voltar à realidade: se quisesse se tornar um bom repórter, que antes conhecesse a fundo como funcionava um jornal. E nada como o duro trabalho na linotipia para sossegar o facho de um garoto deslumbrado.

Múcio tomara a decisão com a autoridade de quem começara por baixo na profissão. Em 1925, aos 10 anos, convenceu o proprietário de *O Nacional*, Herculano Annes, a empregá-lo como jornaleiro. Aos 13, já era o chefe de expedição, setor responsável pela distribuição dos jornais. Aos 15, editor-chefe, e aos 18, diretor de redação. Usado exclusivamente como instrumento político pela família Annes Bastos, grupo que dominava a região de Passo Fundo, Não-Me-Toque e Carazinho, *O Nacional*, apesar da força editorial, possuía uma estrutura capenga. Nas mãos do diretor de redação se modernizou: ganhou nova gráfica e fortaleceu o setor comercial. Quando *O Nacional* ficou com cara de jornal, em 1939, Múcio decidiu comprá-lo.

Aos 24 anos, e dono do jornal mais influente da cidade, Múcio tornou-se automaticamente uma liderança da região. Fiel ao nacionalismo de Vargas, filiou-se ao PTB (Partido Trabalhista

Brasileiro) e descobriu nova vocação: o talento para fazer política. A residência da família Castro, na rua Coronel Chicuta, virou um comitê trabalhista. Todos os grandes nomes do partido — Alberto Pasqualini, Fernando Ferrari —, se passassem por Passo Fundo, não deixavam de conchavar na casa de Múcio de Castro. Quem não saía de lá era um político jovem de Porto Alegre, de fala mansa e pausada, mas com imenso apetite de poder: Leonel Brizola.

Nascido em Carazinho, cidade chamada pelos passo-fundenses de "povinho dos cachorros" (era lá que a carrocinha da vizinha Passo Fundo, malandramente, soltava todos os cães abandonados), Brizola aprendeu a se virar cedo. O pai, o lavrador José de Oliveira Brizola, morrera na Revolução Federalista de 1923, lutando nas tropas de Joaquim Francisco de Assis Brasil, que combatiam os republicanos de Borges de Medeiros. Criado e alfabetizado pela mãe, ganhara o primeiro salário trabalhando como jornaleiro, aos 11 anos. Aos 22, já era deputado estadual, e aos 32, em 1954, prefeito de Porto Alegre.

A campanha para a presidência da República de 1955 nascera sob o impacto do suicídio de Getúlio Vargas, em agosto de 1954. Órfão de sua maior liderança, o PTB decidira apoiar a candidatura de Juscelino Kubitschek, do PSD (Partido Social Democrático), contra Juarez Távora, da UDN (União Democrática Nacional), e Adhemar de Barros, do PSP (Partido Social Progressista). Durante mais uma reunião na casa de Múcio, em

Passo Fundo, Brizola, Pasqualini, Fernando Ferrari e outras proeminentes figuras do PTB gaúcho acharam graça quando Tarso de Castro, filho mais velho do anfitrião, surgiu na sala cantando o *slogan* preferido dos trabalhistas: "General Juarez Távora/ O Brasil não quer ladrão/ E seu nome dentro dele/ Roubará a nossa nação". Brizola, imediatamente, puxou conversa:

— Quer dizer que você está engajado na campanha de Juscelino?
— Não, meu candidato é o Adhemar — respondeu Tarso.
— Mas, meu filho, o Adhemar é um populista da pior espécie.
— Sim, ele "rouba, mas faz".

Brizola fechou a cara. Deu vontade de dizer que o candidato do PSP se dedicava muito mais ao primeiro verbo do que ao segundo, mas não iria passar a tarde argumentando com um guri de 14 anos. Nem imaginava que, 22 anos depois, o mesmo rapaz, já brizolista fanático, salvaria sua vida durante o exílio no Uruguai.

O fascínio de Tarso por Adhemar durou pouco tempo. Na passagem do candidato por Passo Fundo, Múcio fez questão de apresentar o filho ao político paulista. Tarso engrossou a voz, levantou a cabeça e cumprimentou com firmeza o ídolo. A mão pastosa e mole de Adhemar decepcionou o linotipista. Virou juscelinista na mesma hora.

*

Quando Tarso completou um ano de trabalho na linotipia, Múcio achou que chegara a hora de o filho ser apresentado à sociedade de Passo Fundo. Na cidade, existiam duas instâncias de poder: o Rotary Club, organização internacional de líderes de negócios e profissionais liberais, e o Café Elite, ponto de encontro de políticos e autoridades locais. Como bom rotariano (havia sido presidente e governador do clube), Múcio era presença cativa nos jantares que os homens organizavam na primeira quarta-feira de cada mês — na semana seguinte era a vez das mulheres, revezamento que se seguia até o fim do ano. Tarso estava adorando a novidade — frequentar os encontros no Rotary Club era sinal de que o pai, enfim, não o trataria mais como criança —, mas não achava graça nenhuma em passar a noite inteira sem poder admirar um só rabo de saia.

As rodas no Café Elite, em frente à Praça Marechal Floriano, eram mais animadas. Ali, o prestígio político do freguês era calculado pelo número de cadeiras que ele conseguia reunir em torno das mesas redondas de mármore. Duas mesas eram cercadas por dezenas de cadeiras, a de Múcio, proprietário de *O Nacional* e mandachuva do PTB, e a de seu maior inimigo, Túlio Fontoura, líder do PSD na região e dono do *Diário da Manhã*, o outro grande jornal de Passo Fundo. Brigas e xingamentos entre os dois grupos eram comuns. Tarso ajudava o pai e os amigos a puxar o coro contra a turma de Túlio Fontoura, tendo como alvo sempre o *Diário da Manhã*: "*Pasquim! Pasquim! Pasquim!*", gritava o linotipista de *O Nacional*.

Em 1956, quando Tarso completou 15 anos, Múcio resolveu promovê-lo a um grande posto no jornal. Em dois anos, desde que ingressara na equipe de linotipistas, o primogênito havia cumprido com disciplina as etapas estipuladas pelo pai — assumira todas as funções possíveis na gráfica e na revisão. Como recompensa, seria o titular da coluna "Observando", espaço reservado a comentários sobre os principais acontecimentos da cidade. Múcio nunca mais teve sossego. Orgulhava-se da capacidade de observação do filho — seu talento para o jornalismo era incontestável —, mas não esperava que Tarso tivesse tanto apetite para a polêmica. Não puxara o pai nem a mãe, e sim o avô paterno, o velho Leão Nunes Cavaleiro de Castro.

Uruguaio de Taquarembó, Leão Nunes era mulherengo e brigão. Perdera a patente de coronel durante uma revolução no Uruguai, em 1923, e decidira ganhar a vida como oficial de justiça em Passo Fundo. Durante diligência, fora obrigado a matar dois bandidos, que ameaçaram assassinar o outro oficial que o acompanhava. O oficial salvo por Leão Nunes era ninguém menos que o marido de sua amante, que não teve dúvida em acusá-lo de matar os ladrões a sangue-frio. Afastado das funções, acabou integrando o Corpo de Bombeiros da cidade.

Além do temperamento, avô e neto eram fisicamente parecidos: altos, magros e bonitos. Tarso tinha fascínio por tudo que envolvia a figura de Leão Nunes, do figurino fiel às tradições gaúchas, com direito a lenço no pescoço e faca na cintura, ao seu passado repleto de grandes disputas de terras e mulheres. Era com o espírito do avô, e sob o pseudônimo de TeDeCê, que Tarso compraria sua primeira grande briga como jornalista. E para estrear a veia polemista, ele escolhera um peixe grande: a maior autoridade religiosa da região, o bispo dom Cláudio Colling.

O jovem colunista conhecia bem os bastidores da Diocese de Passo Fundo. Havia sido coroinha, fase em que se aproximou do padre Alcides Guareschi, perseguido por parte dos fiéis por não usar batina e frequentar o mundo social. Tarso irritara-se com a hipocrisia da Igreja católica, que era capaz de condenar um padre pelo não uso da batina e aceitar as mordomias de dom Cláudio Colling — para deixar a Diocese de Santa Maria e assumir a de Passo Fundo, o bispo tinha exigido dos cofres da Prefeitura um palacete na melhor região da cidade e um automóvel Dodge, novo em folha.

Bastou dom Cláudio Colling assinar um artigo num suplemento lançado pelo *O Nacional*, para Tarso ouriçar-se. Com o título de "Vamos a Belém", o bispo festejava a chegada do Natal: "Não tardarão a bimbalhar festivos os sinos de Natal, quebrando o silêncio misterioso da meia-noite. E o Menino-Deus virá, mais uma vez,

nascer sobre as palhinhas pobres do presépio..."
Era a oportunidade tão desejada por Tarso de cutucar dom Cláudio:

"O menino nada havia recebido, a não ser esmolas deles — hipócritas, pelos quais nutria um sentimento que muito se aproximava do ódio. Dormira, como sempre, no chão de terra, esquecido do pai, que chegara bêbado, e da mãe, que há muito não lhe beijava. Havia ido lá na loja, onde iam distribuir presentes, mas sua vez nunca chegara. O Natal, enfim, era igualzinho aos outros. Como nos outros, o Papai Noel não chegará".

O bispo, como esperava Tarso, tomou a crônica como uma clara provocação ao seu texto e exigiu explicações da direção do jornal. Na família Castro, o episódio não foi visto com bons olhos. O pai, que dera liberdade ao filho, pensou como empresário — a briga com um bispo da força de dom Cláudio Colling podia representar a perda do leitor católico, maioria na cidade. Para a mãe, dona Ada, católica fervorosa, nada que afrontasse a Igreja podia ser digno de aplauso.

A insatisfação de Múcio e dona Ada com o filho não se resumia apenas às suas provocações e polêmicas como colunista. Aos 15 anos, cronista do maior jornal da cidade, Tarso decidira virar adulto antes do tempo. Vivia acompanhado de Miguel Kozma, o melhor amigo, de 16 anos, filho de um médico importante de Passo Fundo. Ambos fugiam do Instituto Educacional, passavam a tarde bebendo com uma turma que se reunia diariamente numa transportadora de veículos, todos mais velhos que eles, e esticavam a noite no bar-restaurante Maracanã (onde assistiam aos *shows* comandados pelo maestro Jacques e sua mulher, a pianista dona Mercedes).

Numa mesa do Café Elite, as famílias Castro e Kozma decidiram: Tarso e Miguel se mudariam para Porto Alegre, onde ficariam internos no Colégio Rosário, até tomar juízo. O período de reclusão durou seis meses: os dois aprontaram tanto, que só restou à direção do colégio expulsá-los. De volta a Passo Fundo, Tarso foi mantido com rédea curta pelos pais. Dona Ada, filha de pai austríaco e mãe italiana, sabia ser rigorosa quando preciso.

Em 1959, Fernando Ferrari, uma das principais lideranças do PTB, insatisfeito com os rumos do partido, resolve fundar o MTR, Movimento Trabalhista Renovador, com outros figurões do partido trabalhista, incluindo Múcio de Castro. A saída do PTB custou caro ao proprietário de *O Nacional*, que dependia economicamente da verba publicitária do governo do Estado, comandado por Leonel Brizola, eleito em 1958. Brizola era agradecido a Múcio pelo apoio durante a campanha eleitoral, mas não tinha como apoiar financeiramente um jornal dirigido por um político que havia acabado de participar da maior dissidência do PTB gaúcho até então.

Com problemas financeiros, *O Nacional* enfrentou um período de vacas magras, o que minou sua força editorial. Vigiado de perto pelos pais e por autoridades locais, Tarso decidiu acompanhar o amigo Miguel Kozma, que estava novamente de malas prontas para Porto Alegre. Miguel tentaria vaga na Faculdade de Medicina, e Tarso, na redação da *Última Hora*, de Samuel Wainer.

*

Acostumados à vida de classe média alta em Passo Fundo, Tarso e Miguel chegaram a Porto Alegre dependendo apenas da mesada — no valor de um salário mínimo — que o pai de Miguel garantira ao filho. Os dois ficariam num pequeno imóvel na travessa Acelino de Carvalho, centro da cidade, que Múcio alugara durante o mandato como deputado estadual, desde que pudessem pagar o aluguel. O apartamento, de uma simplicidade espartana — quarto e sala com estreito corredor de entrada —, ganhou mais um inquilino de Passo Fundo: Gilberto Arise, filho do relojoeiro da cidade. Nas primeiras semanas, os três viveram da pensão do pai de Miguel e dos trocados que Arise ganhava consertando relógios.

A solução para a dureza do trio estava a poucos metros da Acelino de Carvalho, precisamente no número 738 da rua Sete de Setembro, onde se encontrava a redação da *Última Hora*. Tarso fez contato com Carlos Bastos, conterrâneo de Passo Fundo, então repórter político, e conseguiu o tão desejado emprego no jornal. Começaria por baixo, como plantonista da editoria de polícia, chefiada por João Ferreira.

Aos 18 anos, ficaria responsável por tudo o que acontecesse de importante no principal pronto--socorro da cidade.

A *Última Hora* de Porto Alegre, que começara a circular em fevereiro de 1960, era a nova aposta de Samuel Wainer. O jornalista vinha aumentando gradativamente a cadeia de jornais, com experiências bem-sucedidas no Rio e em São Paulo e com edições regionalizadas em Campinas, Santos, Ribeirão Preto, Londrina e Curitiba. Na capital gaúcha, Samuel desejava fazer um jornal afinado com a causa trabalhista, ao mesmo tempo moderno e popular. Os dois únicos tabloides genuinamente de esquerda da cidade não passaram de nanicos sem expressão alguma: *O Clarim* (1955-56), que Brizola lançara durante candidatura a prefeito de Porto Alegre, e a *Tribuna Gaúcha*, órgão do Partido Comunista do Brasil (PCB), que nunca passou dos cinco mil exemplares.

O maior e mais antigo jornal de Porto Alegre, o *Correio do Povo*, do Grupo Caldas Júnior, se dizia apolítico, mas nunca conseguiu disfarçar o caráter reacionário. O *Diário de Notícias* nada mais era do que o espelho de seu dono, Assis Chateaubriand: retrógrado e passional. O vespertino *A Hora*, criado por jornalistas ligados ao PTB, se manteve revolucionário (com importantes mudanças editoriais e gráficas) até ser comprado pelos Associados de Chateaubriand. Jornal tabloide e vespertino, a *Folha da Tarde* era uma tentativa (fracassada) do Grupo Caldas

Júnior de fazer um jornal mais leve e moderno — para contrapor à sisudez do *Correio do Povo*. Ao juntar uma geração de bons jornalistas — grande parte deles formados nas redações de *O Clarim*, de *A Hora* e de outros jornais de vida curta — com a capacidade inventiva do diagramador André Guevara (seu parceiro desde os tempos da revista *Diretrizes*), Samuel Wainer criou o tabloide que tanto sonharam os donos do *Correio Povo*. A *Última Hora* de Porto Alegre nascia moderna e criativa, com grandes fotos na capa, textos ágeis e objetivos, editoriais fortes e independentes, e mantendo a tradição do grupo de pagar bem seus funcionários — foi o primeiro jornal do Rio Grande a depositar os salários em conta bancária.

Mas o salário de repórter policial não ajudou a diminuir a penúria dos moradores da travessa Acelino de Carvalho. Nos primeiros dias do mês, quando Tarso recebia o salário da *Última Hora*, os três viviam como reis. Jantavam todas as noites no restaurante Treviso, no Mercado Público, um dos poucos lugares de Porto Alegre que ficavam abertos durante toda a madrugada, frequentado por jornalistas, artistas e prostitutas. Terminada a fartura — e o salário de Tarso —, o trio passava o resto do mês a pão e sardinha. Situação que não mudou muito com a chegada do quarto hóspede, Paulo Totti, dirigente da UNE em Passo Fundo e jornalista, que, apesar de também receber salário da *Última Hora*, teve que se adaptar à gestão perdulária do filho de Múcio de Castro.

Nos últimos vinte dias do mês, o quarteto dependia exclusivamente da bondade da mãe de Miguel Kozma e de Carlinhos, garçom do Treviso. Escondido do marido, dona Eulina Kozma, mandava o dinheiro embrulhado com a correspondência endereçada ao apartamento em Porto Alegre, ajuda que rendeu poema de Totti em homenagem a Miguel: "Meu amigo rico." Como o dinheiro da família Kozma era torrado na mesma noite, logo os quatro voltavam ao regime pão e sardinha. O jeito era apelar para a capacidade de persuasão de Tarso de Castro. O jornalista conseguiu convencer Carlinhos a usar um velho truque que ele armara junto com o *maître* do restaurante Maracanã, em Passo Fundo: cobrar a mais de algum freguês distraído e repassar a diferença para cobrir a conta de sua mesa. Em troca, Tarso garantia boas gorjetas assim que recebesse o salário da *Última Hora*.

*

Enfurnado no principal pronto-socorro da cidade, Tarso estava ansioso para assinar a primeira matéria como repórter da editoria de polícia. Numa noite de quarta-feira, um rapaz foi levado ao hospital já morto — teve a cabeça decepada ao passar, de moto, por um fio de alta tensão. O jornalista lembrou-se do recado do chefe João Ferreira, "uma reportagem sem foto não é reportagem", e tratou de conseguir a foto com a família do garoto, que ainda não tinha sido avisada sobre o acidente. O constrangimento de ser o primeiro a contar a notícia à mãe do motoqueiro cedeu lugar à alegria da primeira reportagem assinada num grande jornal da capital.

Tarso viajou no fim de semana a Passo Fundo e, orgulhoso, mostrou a matéria ao pai. Lacônico, Múcio limitou-se a dizer que aquele era um jornal de "vagabundos" e que, portanto, não merecia confiança. Por mais que admirasse o talento do filho, Múcio era um conservador, um homem de seu tempo. Sonhava vê-lo formado, casado — de preferência com a filha de algum rotariano — e dirigindo com pulso firme *O Nacional*. O primogênito tomara exatamente o caminho contrário: terminara apenas o segundo grau, trabalhava como repórter policial num pronto-socorro e bebia com artistas e prostitutas no Treviso.

Na primavera de 1960, Tarso se viu diante do primeiro grande desafio da carreira. A 500 metros do pronto-socorro, na Escola de Cadetes de Porto Alegre, um oficial havia se desentendido com o comandante da unidade, dando-lhe um tiro à queima-roupa. O coronel chegara vivo ao pronto-socorro e Tarso, como plantonista, fora encarregado de cobrir todos os detalhes do crime. Afoito por novas notícias, o repórter invadiu o setor reservado apenas a familiares e oficiais do Exército para tentar entrevistar alguma testemunha do acidente. Foi recebido a pontapés por um capitão e logo os dois estavam se atracando na porta do hospital. Tarso não conseguiu nenhum depoimento exclusivo, mas a matéria virou capa da *Última Hora*, com uma enorme foto dele trocando tabefes com um capitão do Exército.

O episódio da Escola de Cadetes encorajou Tarso. Ele achava que já chegara a hora de ser promovido a um cargo mais importante e estava decidido a pleitear a vaga na editoria de política. O pedido foi feito numa sexta-feira ao chefe de reportagem, Flávio Tavares, que, espantado com o atrevimento do repórter de 18 anos, não lhe deu a mínima bola:

— Trabalhar na política? Guri, amadurece e aparece.

Tarso não disse uma palavra. Voltou para casa e, apesar de detestar praia, passou o sábado e o domingo inteiros se bronzeando ao sol. Na segunda, mais parecendo um índio bororo, entrou sem bater na sala do chefe de reportagem:

— Pronto. Estou maduro.

Flávio Tavares gostou da irreverência do rapaz e promoveu-o a repórter de política. Excitadíssimo, Tarso achou que o pai, raposa do PTB, gostaria de saber que o filho estava trabalhando na editoria mais importante de um jornal influente de Porto Alegre.

— Pai, agora sou cronista político da *Última Hora*!

— Você? Então está provado que é um jornal de vagabundos.

Capítulo 3

O repórter da legalidade

Com o telefone sobre uma bandeja, o garçom Carlinhos abre espaço entre as mesas do restaurante Treviso. Passa pelo pessoal do Teatro de Equipe, pede licença à turma da Rádio Farroupilha e aos garotos da UNE, cumprimenta os deputados do PSD, saúda os sindicalistas e as garotas da boate Marabá e, enrolado nos fios da extensão, anuncia:

— Telefone para o jornalista Tarso de Castro!

O repórter da *Última Hora* levanta o braço, identificando-se, e, com um ar circunspecto, inicia a misteriosa conversa ao telefone, depois de ouvir a gozação dos amigos, surpresos com tal mordomia:

— Caprichou na gorjeta, hein, Tarso!

A cena se repetia quase todas as noites naquele outubro de 1960, mês em que o Brasil elegia seu novo presidente da República, Jânio

Quadros. Ao transformar a mesa do restaurante numa extensão da redação, Tarso iniciava um hábito que o iria acompanhar até o fim da vida, tornando-o um dos jornalistas mais bem informados de sua geração. Era no Treviso, conversando à mesa ou ao telefone com políticos, sindicalistas, líderes estudantis, que Tarso abastecia seu repertório de pautas. A cada uísque entornado, um furo conquistado, não necessariamente nessa proporção.

O aquecimento para as noitadas etílicas no Treviso era feito no Bar do Equipe, o popular "Buraco do Pereio", administrado pelo ator Paulo César Pereio, um gaúcho de Alegrete com muito mais vocação para freguês do que para dono de bar. Fundado por Pereio, Mário de Almeida, Paulo José (que se consagraria como um dos maiores atores de sua geração) e Milton Flores, o Teatro de Equipe, planejado como centro cultural, havia se transformado num poderoso comitê de resistência popular. Frequentado por artistas plásticos, radialistas, jornalistas e estudantes, tornara-se ponto de encontro de acaloradas discussões políticas e estéticas. Foi no Teatro de Equipe, servido por Pereio, que Tarso bebeu o primeiro uísque com aquele que viria a ser um de seus grandes companheiros de copo e de jornalismo: Luiz Carlos Maciel.

Em poucos minutos de conversa, os dois se tornaram íntimos. Tarso encantou-se com as proezas de Maciel que, com vinte e tantos anos, já havia encenado uma peça de Pirandello, dirigido *Esperando Godot*, de Beckett, estudado direção teatral em Pittsburgh, nos Estados Unidos, e morado na Bahia, onde cursara a Escola de Teatro da Universidade Federal. Maciel voltara de Salvador deslumbrado com o talento de um cineasta chamado Glauber Rocha. O mesmo Glauber o apresentara a duas outras grandes figuras, o escritor João Ubaldo Ribeiro, seu amigo desde os tempos de colégio, e Caetano Veloso, colaborador do caderno de cultura do *Diário de Notícias* (editado por Glauber), que, apesar de escrever bem, tinha era talento para cantar, como Maciel pudera comprovar nos *shows* que Caetano fazia ao lado da irmã Maria Bethânia no Teatro dos Novos, em Salvador.

Para Tarso, que mal tinha tempo para dormir, o mundo ainda se resumia à provinciana Porto Alegre. Obrigado a conciliar dois trabalhos para pagar o aluguel do apartamento de Múcio, conseguiu, por indicação do amigo Carlos Fehlberg, emprego como repórter no *Jornal do Dia*, matutino ligado à Igreja católica. As 24 horas do dia eram assim divididas pelo jornalista: da meia-noite às 7 h da manhã, expediente no Treviso, apurando notícias e esvaziando garrafas de uísque. Das 7 h ao meio-dia, expediente na *Última Hora*, como repórter político. Do meio-dia às 5 da tarde, pausa para "descanso" no retiro da Acelino de Carvalho (não necessariamente para dormir). Das 5 da tarde até a meia-noite, novo expediente no *Jornal do Dia*.

Mas nem sempre Tarso conseguia manter a incessante rotina de repórter. Às vezes, embarcava num sono profundo e os amigos, notando sua falta no Treviso, tratavam de avisar o *boy* da *Última Hora*, Tony Galaor. Este já tinha a ordem, do próprio Tarso, de acordá-lo de qualquer jeito pela manhã. Haviam combinado o seguinte esquema: o primeiro aviso de alvorada era dado por Tony da janela da cozinha, colada ao quarto de Tarso. Se ele não acordasse, o *boy* tinha autorização para pegar a jarra de água, estrategicamente deixada ao lado da janela, e derramá-la sem piedade no jornalista.

*

Em agosto de 1961, Tarso de Castro, como repórter do *Jornal do Dia*, e Flávio Tavares, da *Última Hora*, viajaram juntos para acompanhar os desfechos políticos da Conferência Econômica e Social da OEA (Organização dos Estados Americanos), em Punta Del Este, no Uruguai. O encontro colocaria frente a frente o ministro de Economia e Indústria de Cuba, Ernesto Che Guevara, e o secretário do Tesouro dos EUA, Douglas Dillon, ansioso para provar ao mundo que a Cuba comunista de Guevara e Fidel Castro era o mal a ser combatido.

O duelo brasileiro ficaria por conta de Leonel Brizola, governador do Rio Grande do Sul, e Roberto Campos, embaixador do Brasil em Washington. Adversário de Jânio durante as eleições de 1960 — apoiara o marechal Henrique Teixeira Lott —, Brizola aproximara-se do controvertido político de São Paulo, a ponto de o presidente indicá-lo para ser o conselheiro especial da delegação em Punta Del Este. Os conselhos do governador gaúcho, afinados com a causa socialista de Fidel e Guevara, não eram bem aceitos pelo resto da comissão, formada por Clemente Mariani, ministro da Fazenda, Artur Bernardes Filho, da Indústria e Comércio, e Roberto Campos, todos de olho no tesouro do secretário Douglas Dillon.

Tarso estava ansioso para presenciar o encontro de Brizola e Che Guevara. Como repórter da editoria de política da *Última Hora*, o jornalista acompanhara com entusiasmo os feitos do governador, que, em três anos de mandato, havia promovido uma revolução no ensino do Estado, com o programa "Nenhuma criança sem escola" — foram seis mil escolas construídas e 680 mil novas vagas.

No Uruguai, Tarso assistiu, fascinado, ao longo discurso do líder cubano a favor da revolução socialista e contra os desmandos políticos e econômicos do governo americano. Eufórico, apoderou-se da máquina de escrever da sala de imprensa e escreveu dezenas de laudas sobre Che, dando detalhes do encontro do ídolo comunista com Brizola e enaltecendo os feitos da Revolução Cubana.

Em Porto Alegre, o editor Carlos Fehlberg não acreditou quando a redação do *Jornal do Dia* passou a ser bombardeada pelos telegramas via Western Union mandados por Tarso. Um belo esforço de reportagem, que certamente ficaria muito bem editado num jornal comunista como a *Tribuna Gaúcha* e não no eclesiástico *Jornal do Dia*. Nem uma nota foi publicada. Como consolo, restou a Tarso uma foto tirada ao lado de Che Guevara, que anos mais tarde, por ironia do destino, ele usaria como trunfo para conquistar uma estrela do cinema americano.

Não foi apenas Tarso que se deslumbrou com a figura mítica de Che Guevara. Do Uruguai, o líder cubano voou direto para Brasília, onde o presidente Jânio Quadros estava pronto para condecorá-lo com a Ordem do Cruzeiro do Sul, a mais alta comenda concedida pelo governo brasileiro. Um presidente eleito com o apoio da UDN condecorando um líder comunista era como se Henry Kissinger, paladino do imperialismo americano, resolvesse colar uma medalha no peito de Mao Tsé-Tung. Aquele não era o primeiro e nem o último surto do presidente brasileiro: uma semana depois, em 25 de agosto de 1961, Jânio renunciou. O Brasil experimentaria mais uma crise política, e Tarso a primeira grande aventura de sua vida.

*

— Olha, general, o senhor não passa de um golpista filho de uma puta!

Colado à porta do gabinete de Leonel Brizola, no Palácio Piratini, Tarso ouvia o governador do Rio Grande do Sul insultar, por telefone, Artur da Costa e Silva, o todo-poderoso comandante do IV Exército, no Recife. Brizola ligara para o general tentando persuadi-lo, sem sucesso, a interferir na decisão dos três ministros militares, que haviam vetado a posse do vice-presidente João Goulart, após a renúncia de Jânio.

O comando militar não engolia Jango. Acusavam-no de incentivar greves e a luta de classes — os mais paranoicos tinham certeza de que ele lideraria uma grande revolução comunista assim que tomasse o poder, começando com a divisão de lotes de sua fazenda em São Borja. O vice-presidente não tinha muitos argumentos de defesa: passara o agosto em viagem diplomática à União Soviética e à China, as duas maiores potências comunistas, e um de seus maiores aliados políticos era ninguém menos que o cunhado, Leonel Brizola, que vivia às turras com os generais.

Jango levaria alguns dias para voltar da China ao Brasil, tempo suficiente para Brizola armar um clima de guerra em Porto Alegre. A estratégia para garantir a posse do cunhado já havia sido traçada pelo governador: angariar o apoio maciço da opinião pública e, com isso, pressionar o III Exército, comandado pelo general Machado Lopes, a aderir ao movimento. Do outro lado, o esforço era no sentido de calar Brizola o mais rápido possível. O ministro da Guerra, Odílio Denys (um dos três ministros que armaram o veto à posse de Jango), já havia transmitido a ordem a Machado Lopes: invadir o Palácio Piratini e depor o governador na marra.

Nos porões do Piratini, transformado numa imensa sala de imprensa, jornalistas corriam por todos os lados. A *Última Hora*, de Samuel Wainer, decidira dar apoio incondicional ao movimento de Brizola, destacando o editor de política Flávio Tavares e os repórteres Tarso de Castro e Carlos Bastos, para cobrirem cada passo dado dentro do Palácio. Brizola, ciente de que o apoio de parte da imprensa gaúcha ainda não seria o suficiente para agitar um grande levante popular a favor de Jango, conseguiu instalar nos porões equipamentos da Rádio Guaíba, dando início à Cadeia da Legalidade.

Cercado por jornalistas e assessores, o governador empunhou o microfone e fez um inflamado discurso de dez minutos, denunciando o plano dos militares de impedir a posse de Jango e incitando a população a resistir com todas as forças. Terminado o discurso, Brizola pediu aos repórteres que o ajudassem a bolar um hino para a campanha. Tarso se lembrou da criativa turma do Teatro de Equipe e explicou a Paulo César Pereio que os legalistas ansiavam por uma boa música que representasse o movimento.

Não se sabe até hoje que tipo de entidade Pereio — que mal sabia assobiar o *Parabéns a Você* — incorporou para compor um hino tão bonito como o *da Legalidade*. Inspirado no *Hino Nacional* e na *Marselhesa*, e com letra da jornalista Lara de Lemos, a canção de Pereio fez um enorme sucesso nos porões do Piratini:

> Avante brasileiros de pé
> Unidos pela liberdade
> Marchemos todos juntos com a bandeira
> Que prega a lealdade
> Protesta contra o tirano
> E recusa a traição
> Que um povo só é bem grande
> Se for livre sua nação

Enquanto os jornalistas dançavam a marcha composta por Pereio, os soldados do III Exército marchavam em direção ao Piratini. Tarso e Flávio Tavares tinham acabado de receber da direção da *Última Hora* a notícia de que uma coluna de mais 20 tanques M-3, com canhões e metralhadoras, começava a se deslocar da 2ª Companhia Mecanizada, localizada no bairro da Serraria, em direção ao palácio. Segundo rumores, Machado Lopes, até então indeciso, havia acatado as ordens do ministro da Guerra e decidido invadir o palácio.

Diante do ataque iminente, a sede do governo se esvaziou. A população flutuante do Piratini, cerca de 300 pessoas, foi reduzida a apenas 50, entre secretários, assessores, seguranças e jornalistas, a maioria da *Última Hora*. Disposto à guerra, Brizola requisitara três mil revólveres calibre 38 da fábrica Taurus, em São Leopoldo, que foram distribuídos à população

— a maioria preferiu guardá-los em casa como objeto de recordação.

Tarso chegou à redação do jornal como um caubói, com dois revólveres na cintura e fazendo cara de matador. De tanto aporrinhar o major Emílio Neme (um dos oficiais que haviam dado apoio irrestrito a Brizola), conseguira, enfim, o seu revólver Taurus. Também cumprira a promessa de arrumar uma arma para o amigo Paulo Totti — durante a madrugada, enquanto os jornalistas roncavam nos porões do Piratini, Tarso furtou o revólver do sobrinho de Carlos Contursi, ex-secretário de imprensa de Brizola.

Com poucas armas à disposição e com um "exército" que se resumia ao pelotão de brigadistas do Regimento Bento Gonçalves, reforçado por uma dúzia de jornalistas idealistas, Brizola mandou apagar as luzes do Piratini. Entrincheirados no andar térreo do palácio, Tarso, Paulo Totti, Flávio Tavares e Carlos Bastos espiavam pela janela à espera do ataque. Do lado de fora, na Praça da Matriz, um grupo de estudantes, liderados por Marcos Faerman, o Marcão, interceptou um jipe que circulava pela rua Duque de Caxias em direção ao palácio. Ouviram do major Leo Etchegoyen que o movimento de tropas não passava de uma ação de intimidação do III Exército. Machado Lopes continuava em cima do muro.

A aparente trégua durou algumas horas. Cansado da indecisão de Machado Lopes, o general Orlando Geisel, chefe de gabinete do ministro da Guerra, havia dado a ordem para um ataque da Força Aérea Brasileira sobre o Piratini. A operação fracassou graças ao poder de mobilização de Brizola, que, pela Rádio da Legalidade, conseguiu convocar a população a formar um grande escudo humano em torno do palácio. A mobilização provocou uma rebelião interna na FAB — sargentos e suboficiais, grande parte deles com familiares residindo nos arredores do Piratini, liderados pelo capitão Alfredo Ribeiro Daudt, esvaziaram os pneus dos aviões da Força Aérea, temendo um banho de sangue.

Exaustos pelas várias ameaças de invasão ao Piratini, os legalistas de Brizola sabiam que não resistiriam por muito tempo, se não conseguissem o apoio irrestrito da sociedade gaúcha e do comando do III Exército. Se dependessem da ajuda da Igreja católica, representada pelo arcebispo dom Vicente Scherer, morreriam fuzilados. Dom Vicente abominava a figura de Brizola, considerava-o um agitador irresponsável — dias antes, havia expulsado da catedral um assessor do governador que pedira para instalar duas metralhadoras nas torres do templo, à direita do Piratini. Apesar da ojeriza a Brizola, dom Vicente não tomara partido durante a Legalidade — preferiu esperar o desenrolar dos acontecimentos para, dependendo do desfecho, fazer o seu pronunciamento.

Um trote armado por Tarso e Flávio Tavares, tendo dom Vicente Scherer e o general Machado Lopes como protagonistas, ajudou a mudar os rumos da Campanha da Legalidade, como conta Flávio no livro *O Dia em que Getúlio Matou Allende e Outras Novelas do Poder*, editado pela Editora Record:

"Travessura mesmo, e bem-sucedida, tínhamos feito, Tarso de Castro e eu, seis dias antes, às 6 h da manhã do domingo, 27 de agosto, depois de concluirmos a edição extra da Última Hora em Porto Alegre, conclamando à resistência. Insones e cansados, sentamo-nos num banco da praça, defronte da catedral e do palácio, e tive a ideia: telefonar ao arcebispo dom Vicente Scherer em nome do general Machado Lopes e ao general como se fosse o arcebispo. Um trote inocente, só para rir, como estávamos acostumados a dar pelo telefone, sempre que a alegria pudesse substituir a angústia. Eu costumava arrancar gargalhadas ao imitar a pronúncia das regiões alemãs (tinha 27 anos, e Tarso, menos de 20), e essa especialidade cênica vinha a calhar naquele momento, em função do sotaque de dom Vicente. Voltamos ao palácio e, da sala de imprensa vazia, telefonei para a Cúria: disse que era do comando do III Exército, e o pároco da catedral deu-me o telefone da câmara do arcebispo, onde ele estava nas orações matinais. Na ligação seguinte, atendeu o próprio dom Vicente, surpreso. Imitei um sotaque acariocado, fui educado mas incisivo, ao estilo militar, e, dizendo ser ajudante de ordens do comandante do III Exército e falar em seu nome, perguntei se dom Vicente havia ouvido o discurso do 'senhor governador', na madrugada. Apesar do 'avançado da hora', tinha escutado, sim. Disse-lhe que o general considerava 'muito grave' a situação, mas queria também 'a normalidade e a paz', como o governador. O arcebispo explicou que não se lembrava desta parte do discurso, 'era muito tarde'.

"Que pena que Vossa Reverendíssima não tenha ouvido essa parte, pois o general também quer a normalidade e a paz! — retruquei, convidando-o a visitar o quartel-general daqui a 60 minutos, para expor a opinião da Igreja. Dom Vicente indagou como iria fazer, já que 'o rádio informa' que toda a zona do quartel está cercada de arame farpado e fechada ao trânsito. Disse que o general mandaria buscá-lo num jipe (com o que o trote terminaria ali) e ele titubeou por frações de segundos. 'Um padre de batina em cima de um jipe já é demais, quanto mais um arcebispo', deve ter raciocinado, pois, em seguida, frisou que tinha automóvel.

"'Então o seu carro terá ordem de livre passagem. Diga apenas que vai ver o general!' — assegurei.

"Em seguida, ligamos para o gabinete do comandante do III Exército. Pelo sotaque, o capitão atendente percebeu 'logo, logo, que era sua eminência, o arcebispo'. O general acabava de chegar, veio ao telefone com polidez e ouviu sem comentários a rápida menção 'ao discurso do governador a favor da normalidade e da paz'.

"O delicado da situação exige que eu converse com o senhor general pessoalmente. Em menos de uma hora, aí estarei, se puder atender-me, é claro — disse eu, com o estilo educado e a germânica pronúncia espichada de dom Vicente. Naquela época, num domingo à hora da primeira missa, ninguém deixaria de receber um arcebispo!

"Depois, Tarso e eu voltamos à praça e nos postamos à saída da rua Espírito Santo, junto à catedral, à espera. Demorou, mas por fim surgiu o Chevrolet preto, modelo 1941, com placa especial de arcebispado, conduzido pelo coadjutor da Cúria. Ao seu lado, dom Vicente, rumo ao quartel-general. No dia seguinte, soube-se que o comandante do III Exército e o arcebispo metropolitano tinham se reunido no QG. Nunca, porém, [soube-se] o que conversaram, mas só pode ter sido sobre 'a normalidade e a paz', pois dom Vicente — sempre arredio a tudo que viesse de Brizola — foi bem mais dúctil nos dias seguintes. O trote havia triunfado muito além do riso e da galhofa."

Não se sabe até que ponto o encontro das duas autoridades, arquitetado por Tarso e Flávio Tavares, influenciou na decisão do III Exército. Mas um dia depois do trote, na manhã de segunda-feira, dia 28 de agosto, o general Machado Lopes pediu audiência com o governador do Rio Grande do Sul para anunciar que suas tropas, enfim, ficariam ao lado da Legalidade. A decisão fortaleceu Brizola, porém não diminuiu o risco de ataques das forças federais. Temendo que o avião da Varig transportando Jango de Montevidéu a Porto Alegre fosse abatido por algum caça da FAB logo que entrasse em território brasileiro, Brizola pediu ao grupo de jornalistas na sala de imprensa que fosse receber o vice-presidente em seu desembarque na capital uruguaia. Tarso e outros dois repórteres da *Última Hora* — Dilamar Machado e Adauto Vasconcelos —, acompanhados do fotógrafo Assis Hoffmann, rumaram imediatamente para Montevidéu.

Ao pôr os jornalistas no encalço de Jango, Brizola não estava só procurando frear a tentativa de um possível atentado. O governador queria vigiá-lo de perto. Aos amigos e assessores dizia que o cunhado seria capaz de assinar um papel em branco em troca de uma solução conciliatória. E ela veio, para desespero de Brizola. Em Montevidéu, mesmo a contragosto do governador gaúcho, Jango aceitou a proposta feita pelos ex-ministros Tancredo Neves e Hugo de Faria, emissários do presidente interino Ranieri Mazzili: ele assumiria a Presidência, desde que aceitasse a implantação do sistema parlamentarista. Trocando em miúdos: Jango se sentaria na cadeira, mas não governaria. A missão ficaria para Tancredo, empossado como primeiro-ministro.

Na redação da *Última Hora*, em Porto Alegre, e no Piratini, jornalistas e assessores rasgavam fotos de Jango, chamando-o de traidor. Tarso, que viajara para encontrá-lo em Montevidéu, avisara aos colegas que o novo presidente redigira um manifesto à Nação e gostaria que ele fosse lido na Rádio da Legalidade, pedido imediatamente negado pelos brizolistas. Informado de que a leitura do manifesto fora vetada, Jango decidiu ir pessoalmente ao encontro dos legalistas. No saguão do Piratini, deparou com jornalistas da *Última Hora*, todos enfurecidos com sua decisão de aderir ao parlamentarismo. Flávio Tavares tomou a frente do grupo e começou a ler uma cópia do manifesto de Jango. Nervoso, não conseguiu dizer uma frase inteira. Tarso, ao lado, pressionou Jango:

— Este documento não pode ser lido na Rádio da Legalidade, de jeito nenhum!
— Mas por que não? – indagou Jango, afável.
— É um apoio claro ao parlamentarismo!
— Mas onde está escrito isso no documento?

— É um apoio explícito ao parlamentarismo! — reiterou Tarso.

— Se dá essa impressão, não há problema: redijo outro documento — prometeu Jango.

Jango, conformado com a perda de poder, jamais redigiu outro documento, para decepção de Tarso e de Brizola, ainda sonhando que o cunhado mudasse de ideia no último instante e apoiasse seu plano mirabolante: partir com tropas, por terra, do Rio Grande do Sul em direção a Brasília. Fidel Castro, solidário a Brizola, havia sugerido solução mais esdrúxula. Provando que havia trocado as aulas de geografia em Cuba pelos jogos de beisebol, aconselhara Brizola a organizar seu exército nas montanhas de Porto Alegre.

No Treviso, Tarso comandou um ato de repúdio à decisão de Jango. Subiu à mesa principal do restaurante ao lado de Luiz Carlos Barreto, então fotógrafo da revista *O Cruzeiro*, e gritou palavras de ordem a favor da Campanha da Legalidade e contra o novo presidente. Mas Tarso não misturava amor com política. Um mês depois, ele desembarcaria no Rio de Janeiro em busca da sua grande paixão: Neuza Goulart, sobrinha de Jango.

Capítulo 4

Um guri em Ipanema

O Tarso que desembarcara no Rio em 1962, vindo de ônibus de Porto Alegre, já se considerava um típico morador da Zona Sul carioca. Em menos de seis meses na cidade, virara companheiro de copo de Hugo Carvana e Carlinhos Oliveira, parceiro de brigas e arruaças de Roniquito de Chevalier, inquilino temporário de Hugo Bidet e Fausto Wolff. Seu charme com as mulheres parecia não ter fim – reza a lenda que, numa noite no Zeppelin, nem mesmo a musa Tônia Carrero teria resistido a ele. E o romance com a sobrinha de Jango, Neuza Goulart? No Rio, as paixões de Tarso passariam a ser ainda mais efêmeras. Que o digam Sílvia Amélia, Leila Diniz, Noelza Guimarães, Nara Leão, sua irmã Danuza Leão, Ana Maria Magalhães, Sonia Braga, Ana de Hollanda, Regina Rosemburgo, Betty Faria, Marisa Urban, Neuza Brizola, Duda Cavalcanti, Maysa Matarazzo, Norma Bengell, Zezé Motta...

Mas a vida de Tarso, nas primeiras semanas de Copacabana e Ipanema, não tinha o mínimo *glamour*. O emprego de repórter na *Última*

Hora carioca mal dava para a farra, muito menos para o aluguel de um apartamento. Quando não dormia na casa de algum amigo, passava a noite esticado sobre os bancos do aeroporto Santos Dumont. Só saía de lá para comer um pedaço de *pizza* regado a vodca no Beco da Fome, na Prado Júnior, ou para apreciar, a distância, a vedete Íris Bruzzi chegar com seu Karmann Ghia vermelho à badalada boate Sacha's, no Leme. De perto, Íris só podia ser vista no Fiorentina, na avenida Atlântica, em frente ao Posto 2, o primeiro bar-restaurante do Rio adotado pelo jornalista de Passo Fundo.

Quando Tarso adotava um bar, era pra valer. No Fiorentina, templo da boemia carioca, frequentado por vedetes, intelectuais, estrelas da televisão, da Bossa Nova e do cinema novo, ele era o mais jovem, o mais metido, o que falava mais alto e o que bebia mais. Na sua mesa sentavam-se Anselmo Duarte, Jece Valadão, Daniel Filho, Edu da Gaita e Mario Lago, mas Tarso continuava comportando-se como se estivesse no Treviso, em Porto Alegre — só não conseguiu convencer o garçom do Fiorentina a levar o telefone até sua mesa, na bandeja.

Para trocar de vez os lanches no Beco da Fome pelas noitadas no Fiorentina, Tarso tratou de aumentar sua renda. Deixou o emprego de repórter na *Última Hora* e foi trabalhar como copidesque no *Jornal do Brasil* e na *Tribuna da Imprensa*. O *JB*, nos anos 1960, era um dos grandes jornais do país. Acabara de passar por importante reforma editorial e gráfica pelas mãos do novo chefe de redação, Alberto Dines. Moderno e inovador, era o sonho de todos os repórteres em começo de carreira. Mas não de Tarso que, aos 21 anos, com quase 10 de profissão, se achava importante o suficiente para assediar a sobrinha da condessa Pereira Carneiro, proprietária do jornal, que, claro, não lhe deu a mínima bola.

Os caciques do PTB em Passo Fundo morreriam de desgosto ao ver o filho de Múcio de Castro trabalhando na *Tribuna de Imprensa*, fundada por Carlos Lacerda, inimigo mortal de Getúlio Vargas. Mas a *Tribuna* do começo dos anos 1960 não pertencia mais a Lacerda, que deixara o jornal para assumir o governo do Estado da Guanabara, em 1960. O novo diretor de redação era Hélio Fernandes, famoso pelo mau humor — nunca rira de uma só piada do irmão Millôr Fernandes.

Com o salário dos dois empregos, Tarso alugou o primeiro apartamento no Rio, um quarto e sala na rua Figueiredo Magalhães, em Copacabana, com direito à linha telefônica, um luxo para a época. Para dividir as despesas, convidou Paulo César Pereio, velho amigo de Porto Alegre, aquele mesmo do Teatro de Equipe, que tinha mais vocação para freguês do que para dono de bar. Depois de uma rápida passagem por São Paulo, onde atuara no Teatro de Arena, e pela Bahia, filmando com Ruy Guerra, Pereio, como Tarso, tinha decidido virar cidadão carioca. Os dois estavam radiantes por morar em Copacabana. Dali, da Figueiredo Magalhães, eles podiam ir a pé ao Fiorentina, no Leme, acompanhados dos vizinhos Paulo Francis e Ivan Lessa e, se tivessem sorte, de Antônio Maria.

No apartamento de Tarso e Pereio só se ouvia, durante horas seguidas, o mesmo disco — *Canção do Amor Demais*, de Elizeth Cardoso, com músicas de Antônio Carlos Jobim e Vinicius de Moraes, acompanhadas pelo violão enfeitiçado de João Gilberto. O disco só saía da agulha quando Tarso parava para ouvir uma menina gaúcha, de voz belíssima, que acabara de se mudar com os pais para um apartamento dois andares abaixo do seu: Elis Regina.

Tarso soubera que o pai de Elis, o senhor Romeu, havia chegado ao Rio com uma carta de recomendação do PTB, sonhando em conseguir emprego na cidade, mas dera com a cara na porta. Em compensação, a filha era um arraso. Todas as noites, o baterista Dom Um Romão vinha buscá-la para participar das *jam sessions* nos botecos do Beco das Garrafas, ali pertinho, na Rodolfo Dantas. Dias depois, ela já estava cantando na TV Rio. Tarso, que se encantara com seu charme e talento, tentou se aproximar da vizinha, mas a baixinha já tinha seu fã clube: Solano Ribeiro, Ronaldo Bôscoli e Nelson Motta haviam chegado primeiro.

Em outubro de 1963, Tarso foi novamente chamado à luta por Brizola. Prestigiado pela maciça votação para deputado federal no Rio de

Janeiro, com 269 mil votos (a maior da história do parlamento brasileiro até então), o político gaúcho vinha pressionando o presidente João Goulart para que fizesse as tão esperadas reformas de base defendidas pela esquerda. Jango, que no início se vira obrigado a aceitar o parlamentarismo para não perder o mandato, conseguira desarmar os opositores, nomeando para o Ministério da Fazenda o banqueiro Walter Moreira Salles e ampliando a base política de seu governo. O espírito conciliatório levou-o a ter seus poderes ampliados — em janeiro de 1963, em plebiscito nacional, 80% dos eleitores optaram pela volta do presidencialismo.

Jango governava sob as sombras da direita e da esquerda. Quando atendia ao apelo de setores nacionalistas e encampava o projeto de reforma agrária, era taxado de comunista e sectário. Se decidia viajar aos Estados Unidos em busca de investimentos privados, com a intenção de acalmar o mercado, era imediatamente acusado, pela patrulha ideológica, de servir aos interesses imperialistas. Brizola vigiava o cunhado de perto. No fundo, sonhava em sucedê-lo na Presidência — quando foi questionado se seria ético substituí-lo no cargo, tratou logo de lançar o *slogan*: "Cunhado não é parente, Brizola presidente."

Brizola ansiava pelas reformas. Depositara todas as fichas na criação da Frente de Mobilização Popular, um verdadeiro exército, formado por lideranças estudantis e sindicais, partidos políticos, ligas camponesas, grupos radicais de esquerda e até membros das Forças Armadas — dos 40 mil sargentos da ativa, 22 mil eram brizolistas. Para que a Frente tivesse uma divulgação à altura de sua força política, o ex-governador sabia que seria preciso fazer um grande jornal, com uma turma jovem, vibrante, afinada com sua causa.

Coube a Paulo Schilling, secretário-geral da Frente e homem de confiança de Brizola, a missão de achar uma boa equipe de jornalistas. Schilling procurou José Silveira, um dos bons quadros do *Correio da Manhã*, que havia deixado o jornal após a morte de Paulo Bittencourt. Silveira se entusiasmou com a ideia de fazer um novo jornal de esquerda, bancado pela Frente, mas, por divergências políticas com Brizola desde os tempos de repórter em Porto Alegre, pediu que assumisse apenas funções burocráticas. Ele já tinha um bom nome para indicar — e esse era brizolista roxo: Tarso de Castro.

No dia 22 de novembro, na sede da Frente de Mobilização Popular, na avenida Antônio Carlos, centro do Rio, nascia o *Panfleto*. As funções estavam bem divididas: Schilling ficaria responsável por fazer a ponte entre as lideranças políticas e a redação; José Silveira seria o chefe de circulação, e Tarso de Castro, o editor, com a responsabilidade de criar um jornal popular e panfletário. Se dependesse apenas da vontade de Brizola, o tabloide não passaria de um mero divulgador do Grupo dos Onze. O ex--governador pretendia, baseado nos grupos de infantaria do Exército (cada pelotão é formado por três grupos de onze), organizar células de combatentes por todo o país.

Um jornal agressivo, de posições políticas bem definidas e claras, mas não careta. Era o que Tarso imaginava para o *Panfleto*. Ele tinha horror aos semanários do Partidão, quase todos sem brilho, sem charme, engessados pelo sectarismo dos redatores. Apesar de brizolista apaixonado, Tarso nunca se filiara a nenhum partido, nem mesmo ao PTB de Múcio de Castro. Era expulso frequentemente das reuniões da UNE, em Porto Alegre, por repetir sempre a mesma brincadeira: quando achava que o discurso de algum militante estava ficando longo e chato demais, levantava da cadeira e pedia a palavra, com ar infantil: "Ah, cara, tu não é de nada. Ontem comi a tua namorada..."

Com esse espírito anárquico e debochado, Tarso começou a chamar os colaboradores para o jornal de Brizola. O primeiro convocado foi Luiz Carlos Maciel, também saído das rodas do Treviso, que, depois de uma temporada na Escola de Teatro da Bahia, se instalara no Rio para dar aulas no Conservatório Dramático Nacional. No início, Maciel achou que sua participação no *Panfleto* se resumiria ao trabalho de redator – para corrigir um ou outro editorial de algum deputado trabalhista –, mas se espantou quando Tarso pediu que ele assinasse uma coluna sobre teatro:

— Olha, quero que você faça algo bem polêmico.

— Mas, Tarso, eu vou escrever sobre teatro e não sobre política.

— Ah, mas esculhamba alguém logo de cara, chama algum diretor de bicha.

O segundo colaborador convocado por Tarso não precisava xingar ninguém para criar polêmica. Paulo Francis, colunista da *Última Hora*, vivia em pé de guerra com a direção do jornal por causa dos seguidos textos a favor do Grupo dos Onze e de Brizola. Samuel Wainer, cansado da insubordinação, chegou a demiti-lo — só voltou atrás depois que o banqueiro José Luiz Magalhães Lins e sua mulher Nininha Nabuco, amigos do colunista e investidores da *UH*, pediram que ele fosse mantido na redação. No *Panfleto*, os elogios de Francis a Brizola seriam muito bem-vindos. Sua amizade com banqueiros, nem tanto.

O *Panfleto* que foi às bancas no início de 1964 era a imagem e semelhança de seu editor — idealista sem ser chato, panfletário sem ser sectário. Solto, leve, agressivo e provocador. Num mesmo espaço era possível ler Brizola falando sobre os benefícios das reformas de base e Maciel dissertando sobre a influência de Beckett no teatro contemporâneo. Ou ler o editorial do deputado Neiva Moreira atacando o fisiologismo de setores do governo João Goulart, enquanto Sérgio Cabral falava maravilhas do novo disco de Tom Jobim na coluna "Música Naquela Base".

Entre tantos colaboradores do *Panfleto*, ninguém foi tão importante e decisivo para o sucesso do tabloide quanto o jornalista, artista gráfico e cartunista maranhense Reginaldo José de Azevedo Fortuna. Influenciado por Saul Steinberg e André François, ex-colaborador das revistas *Pif-Paf* e *Senhor*, Fortuna entrosou-se tão bem com Tarso, que os dois, a partir dali, atravessariam a vida bolando projetos juntos. A simbiose havia sido tão perfeita que, com o tempo, passou a ser impossível imaginar um jornal do Tarso sem o traço de Fortuna. No *Panfleto*, os dois retomaram o uso ostensivo de charges e caricaturas e fizeram do jornal, que pretendia ser apenas produto de divulgação de Leonel Brizola, uma das mais saborosas novidades da imprensa brasileira naquele ano de 1964.

Em cinco números, o *Panfleto* atingira a estratosférica marca de meio milhão de exemplares vendidos por edição. O jornal vendia muito bem em bancas, mas deu o salto de popularidade após uma bela estratégia de divulgação montada por Tarso, José Silveira e Paulo Schilling. Se o jornal nascera para propalar os feitos do Grupo dos Onze, por que não aproveitar o gancho para aumentar o número de leitores? A ideia era simples: quem quisesse entrar para o Grupo dos Onze teria de se tornar, primeiro, assinante do *Panfleto*. Choveram milhares de cartas para a redação com pedidos de assinaturas.

A distribuição de mais de 500 mil exemplares do jornal por todo o país só foi possível graças à ajuda do coronel Dagoberto Rodrigues, diretor-geral dos Correios e Telégrafos. Nacionalista, ligado à Frente de Mobilização Popular,

Dagoberto não temia uma possível retaliação do governo Carlos Lacerda, ferrenho opositor de Brizola. O coronel não era de fugir da briga. Anos antes, quando era o encarregado da rede de comunicações na construção de Brasília, mandara embora de sua sala, aos berros, ninguém menos do que Henry Kissinger, homem de confiança do presidente dos EUA, Dwight Eisenhower, assim que percebeu uma tentativa de suborno por parte do americano.

Brizola, aos poucos, conseguira trazer Jango para o seu lado e distanciá-lo de setores mais conservadores. O presidente, enfraquecido politicamente devido à crise econômica — a inflação disparara, os investimentos estrangeiros haviam caído pela metade e as greves pipocavam por todo o país —, decidira abraçar de vez a campanha pelas reformas de base. No dia 13 de março de 1964, diante de 130 mil pessoas na Central do Brasil, no Rio, Jango fez o discurso dos sonhos do cunhado, defendendo mudanças radicais e assinando dois decretos: um encampava as refinarias particulares de petróleo; outro desapropriava as terras de mais de 100 hectares à margem das rodovias e ferrovias federais.

Enquanto a maioria da imprensa se unia para criar a "Rede da Democracia", denunciando o clima de radicalização crescente do governo Goulart e implorando por uma intervenção militar, o *Panfleto* tratava de fazer sua parte, colocando mais lenha na fogueira. No dia 15 de março, Tarso recebeu o editorial de Brizola das próprias mãos do deputado. No texto, publicado no dia seguinte, na página 8, o líder do PTB comemorava o lançamento oficial das reformas de base e, em tom profético, intimidava: "Os espíritos estão inquietos, o Poder Público vacilante, as contradições aguçadas, um processo inflacionário arrasta o povo ao desespero (...) Aproximamo-nos, rapidamente, de um desfecho."

No dia 19 de março, em resposta ao comício da Central do Brasil, setores da Igreja católica e partidários de Adhemar de Barros organizaram a Marcha da Família com Deus pela Liberdade, que levou mais de 200 mil pessoas às ruas do centro de São Paulo. O grito das senhoras católicas ecoou em Brasília — o Congresso Nacional, dominado por uma maioria conservadora, deixou claro que estava mais do que disposto a barrar qualquer reforma pretendida por Jango.

Brizola não jogou a toalha. Num dos mais duros editoriais, publicado no dia 24 de março, no *Panfleto*, o ex-governador questionava o poder exercido por Jango, segundo ele, simbólico e inoperante: "O presidente Goulart tem em suas mãos, nesta altura, apenas nominalmente, legalmente, a hegemonia do poder (...) Na marcha que vem seguindo, o desgaste, a frustração, as perplexidades, a indefinição, a inoperância, o enfraquecimento, enfim, os levem a facilitar e talvez negociar a entrega do governo àquelas minorias, e, com isto, a elas passe a hegemonia do poder". Decidido, Brizola concluía: "Entre nós não há lugar para dúvidas nem vacilações. Nem mesmo precisamos de maiores esclarecimentos (...) As grandes tarefas que devem absorver nossa tenacidade e nossas energias são: organização, organização, organização e organização. Somente assim estaremos preparados para os momentos cruciais que se aproximam."

Na madrugada de 31 de março, em Juiz de Fora, o comandante da IV Região Militar, general Olímpio Mourão Filho, marchou com sua tropa rumo ao Rio de Janeiro, decidido a depor o presidente da República. Estava deflagrado o Golpe de 1964. Jango não esboçou qualquer resistência e rumou para o longo exílio no Uruguai. Não acatou a proposta de Juscelino Kubitschek – o ex-presidente achava que Jango, numa última tentativa de acalmar os militares, deveria romper imediatamente com a ala esquerda de seu governo e anunciar um novo ministério –, muito menos a de Brizola, disposto a instaurar outra campanha da legalidade em Porto Alegre, com apoio da sociedade e de parte do III Exército.

No primeiro dia após o golpe militar, a direita arregaçou as mangas. Nas ruas do Rio, foram escolhidos alguns alvos para deixar claro quem mandava a partir dali. O Comando de Caça aos Comunistas ficou com o seu preferido — a sede da UNE, na praia do Flamengo, atacada ao estilo covarde do CCC, com pedras e coquetel molotov. A temida polícia de Carlos Lacerda, com todo o desprezo que o governador da Guanabara nutria pela "corja de Brizola", ficara responsável pela sede do *Panfleto*, no centro da cidade.

Dentro da redação do *Panfleto*, Tarso e José Silveira não sabiam o que fazer. No andar de cima do edifício Santo Inácio, os dois haviam alugado um escritório só para guardar os milhares de cartas de filiação ao Grupo dos Onze, arquivo sonhado por qualquer delegado do Dops, com endereços e nomes de todos aqueles que simpatizavam com os ideais de Brizola. Os dois jornalistas foram salvos pela truculência e estupidez dos policiais de Lacerda, que, sedentos de vingança, trataram de incendiar tudo o que viram pela frente, inclusive o amontoado de cartas do terceiro andar.

Em Passo Fundo, Múcio de Castro calibrou os pneus de seu Aero Willys e viajou os mais de 1.500 km rumo ao Rio de Janeiro. O proprietário de *O Nacional* recebera a notícia de partidários do PTB de que havia vários mandados de prisão contra Tarso, que, um mês após o golpe militar, continuava vivendo no Rio como se nada tivesse acontecido. Múcio soubera que o filho mais velho fora visto várias vezes no restaurante Fiorentina, cercado de amigos e mulheres, conclamando todos a lutar ao lado de Brizola, por acreditar que o ídolo conseguiria mais uma vez liderar a resistência a partir de Porto Alegre.

Na madrugada do dia 4 de maio, enquanto Brizola, usando farda e capacete da Brigada Militar, armava uma fuga cinematográfica rumo ao exílio no Uruguai, Múcio de Castro estacionava o Aero Willys em frente ao edifício da rua Figueiredo Magalhães, em Copacabana. Tarso havia sido convencido pelo pai a passar uns tempos na casa da tia Maria de Castro, em São Paulo, até as coisas se acalmarem. Na ausência do amigo, Pereio teria novo companheiro de quarto, um jornalista de 20 e poucos anos, vindo de Juiz de Fora, que Tarso empregara no *Panfleto*: Fernando Gabeira.

Capítulo 5

No "aparelho" de Cláudio Abramo

Não por acaso Maria de Castro era conhecida na família como "Tia Santa". Sua casa, no discreto bairro do Ipiranga, havia se transformado da noite para o dia num ponto de encontro de jovens subversivos. Tarso, desobedecendo às recomendações do pai para manter-se quieto o maior tempo possível em São Paulo, não só adotara todos os botecos possíveis do centro da cidade, como levara à casa da tia dois amigos que ele acabara de conhecer no restaurante Gigetto, ambos estrangeiros: Haroldo, repórter da Agência Cubana de Notícias, e Ramón, secretário do Partido Comunista Espanhol. Hóspedes dos "sonhos" de Maria de Castro, uma pacata assessora das Linhas Correntes do Brasil.

No início dos anos 1960, havia um roteiro da boemia a ser seguido no centro de São Paulo. Começava na praça dom José Gaspar, próximo à Galeria Metrópole, descia pela Praça Ramos, contornava o Largo do Paissandu e retornava ao ponto inicial pela Avenida Ipiranga. Tarso, na sua incessante busca pelo anonimato, era visto em todos os bares do circuito: no Tourist, frequentado pela turma do cinema, no Gigetto, da turma do teatro, no La Crémerie, no Barbazul, no João Sebastião Bar. Seu favorito era o Paribar, atrás da Biblioteca Pública Municipal, um misto de restaurante e café, com mesinhas na calçada, onde ele podia beber com um companheiro de copo de Ipanema, também refugiado em São Paulo: Paulo Francis.

Promovido por Samuel Wainer ao primeiro time de colunistas da *Última Hora*, por causa dos ataques a Carlos Lacerda, Francis, num misto de paranoia e soberba, tinha certeza de que sua coluna havia sido decisiva para desencadear o golpe de 1964 e, por isso, corria o risco de ser assassinado pelos militares a qualquer momento. O jornalista conseguira esconder-se por alguns dias na casa de uma tia e na *garçonnière* de um amigo em Ipanema, mas, amedrontado, achava que diminuiria o risco de ser morto se deixasse o Rio e viajasse para São Paulo. Arrependeu-se da mudança assim que se viu na companhia de Tarso de Castro, o editor de o *Panfleto*, e de mais dois comunistas, um deles vindo da mesma terra de Fidel Castro. Francis encolhia-se entre as mesas do Paribar toda vez que Tarso, aos berros, comandava um brinde em homenagem a Leonel Brizola, exilado no Uruguai.

Tarso escapou de ser preso em São Paulo graças à oportuna intervenção de Cláudio Abramo. Marxista de formação, mito do jornalismo paulista, Abramo aprendera a fazer política sem dar muita bandeira, jogo de cintura que ele adquirira durante os 12 anos como chefe de redação do jornal *O Estado de S. Paulo*, da conservadora família Mesquita. Vítima da ditadura antes mesmo de ela nascer — pedira demissão do jornal em julho de 1963, assim que percebeu que os Mesquita, pressionados por oficiais do Exército, não tinham mais como assegurá-lo no cargo —, não acreditou quando entrou no Paribar e viu dezenas de jornalistas, a maioria deles perseguidos políticos, bebendo como adolescentes, enquanto, nos bastidores, a repressão se organizava.

Diante do olhar incrédulo de Tarso, de Francis e de outros jornalistas, Abramo passou uma descompostura em todos. Se eles quisessem beber, que o fizessem num lugar mais discreto, no bar do Hotel Jaraguá, onde ele mesmo tomava seu uísque no fim da tarde. Sermão dado, Abramo convidou Tarso e Francis para passar uma temporada em sua casa no bairro do Caxingui, na região do Butantã, zona oeste de São Paulo, até que a situação se acalmasse. Os dois jornalistas seriam companheiros de quarto de um velho conhecido da noite carioca, o diretor de teatro Flávio Rangel, também caçado pelos militares.

As duas semanas em que Tarso, Francis e Rangel ficaram escondidos no bairro do Caxingui foram inesquecíveis para a família Abramo, sobretudo para as filhas caçulas do casal Cláudio e Radha Abramo. Berenice, de 8 anos, e Bárbara, de 10, divertiram-se com as brincadeiras de Tarso e com a rabugice de Francis. O primeiro contou suas aventuras em Passo Fundo e na Campanha da Legalidade, em Porto Alegre — "Tarso era sedutor até para uma menina de 10 anos", confidenciou Bárbara, anos mais tarde. Já Francis vivia tenso e preocupado, obcecado pela ideia de que ele era o inimigo número um do regime militar. A paranoia aumentava quando o trio recebia a visita de Hermano Alves, repórter do *Correio da Manhã*, sempre trazendo notícias não muito agradáveis de Brasília. Percebendo o pavor de Francis, Rangel, a pedido de Tarso, colocava mais lenha na fogueira:

— Olha, Francis, eu acho que sua coluna foi muito fundo na exposição da verdade. E isso apressou o golpe. Tome cuidado.

Na cozinha, de ouvido na conversa, Cláudio, Radha, Tarso, Bárbara e Berenice, se esborrachavam de rir.

Clandestino em São Paulo, Tarso não sentiu só saudades do vestido vermelho de Íris Bruzzi, combinando com seu Karmann Ghia, e das noites acaloradas no Fiorentinha, ao lado de Pereio e Edu da Gaita. Seu coração batia em ritmo de bossa nova: estava apaixonado por uma cantora. E não era por Maysa, com quem teve um breve *affair*, regado a dezenas de garrafas de uísque, e sim por Nara Leão, namorada do cineasta Cacá Diegues, estrela do espetáculo *Opinião*. Cultivar paixões platônicas não era de seu feitio, muito menos por joelhos — os mais lindos que já havia visto —, mas ele não voltaria ao Rio tão cedo: sua prisão preventiva acabara de ser decretada. Tarso despediu-se da família Abramo e dos amigos paulistas, com direito a uma rodada no bar Baiuca, e começou a armar seu roteiro de fuga para o Uruguai.

De novo, Múcio entrou em ação para salvar o filho. Viajou de Passo Fundo até a capital paulista com um plano arquitetado: Tarso seria levado até Porto Alegre no carro de Amaro, dono de uma metalúrgica em São Paulo.

Os três — Múcio, Amaro e Tarso — fingiriam ser uma família de comerciantes cumprindo rotineira viagem de negócios. Apesar da cor do carro — um Aero Willys bordô, capaz de ser notado a quilômetros de distância —, o trio passou incógnito por todas as barreiras montadas pela polícia.

Em Porto Alegre, Tarso reencontrou seu velho amigo Miguel Kozma. Cursando Faculdade de Agronomia, mergulhado na política estudantil, Miguel ajudara vários perseguidos políticos a fugir pela fronteira Brasil-Uruguai. Tarso seria levado até uma fazenda em Santana do Livramento para, de lá, entrar no país vizinho pela cidade de Rivera. Dentro de território uruguaio, a ordem era para que o jornalista embarcasse imediatamente para Montevidéu, onde a militância de Brizola estava se organizando.

Cassado pela ditadura, Brizola estava convicto de que conseguiria voltar ao país para comandar um levante contra Castello Branco, o general empossado como presidente pelos militares. A insurreição, imaginava o ex-governador gaúcho, se daria nos moldes da Revolução de 1930, com direito a ofensivas contra quartéis e uma grande mobilização popular, liderada por grupos sindicais, estudantis e setores das forças armadas do Rio Grande do Sul. Brizola contara com a fidelidade de um grupo de militares do Exército e da Aeronáutica, sobretudo do capitão Alfredo Ribeiro Daudt, o mesmo que, três anos antes, tivera papel decisivo durante a Campanha da Legalidade, ao impedir que o Palácio Piratini fosse bombardeado por caças da FAB.

Mas a vida no Uruguai não seria nada fácil para Brizola, muito menos para Tarso. Enquanto o plano de insurreição do ex-governador se esvaziava, após a prisão de 30 oficiais legalistas, Tarso era perseguido em Rivera pelos próprios militantes de esquerda. Por azar, semanas antes de ele atravessar a fronteira, um homônimo, o estudante Tarso, fora desmascarado em Porto Alegre como informante dos militares. Confundido com o traidor, o jornalista só conseguiu ser salvo de uma grande surra graças à interferência de Miguel Kozma, próximo às lideranças estudantis gaúchas, que tratou logo de desfazer o mal-entendido.

Livre do linchamento, o jornalista foi ao encontro do grupo brizolista, em Montevidéu. Brizola estava hospedado num pequeno hotel em Pocitos, pacato bairro praiano a oeste da capital uruguaia — o ex-governador, certo de que seu exílio seria breve, alugara um apartamento no centro da cidade por apenas seis meses. O entusiasmo por estar novamente ao lado do ídolo político logo deu lugar a um sentimento de medo e tédio. Não havia absolutamente nada para fazer em Pocitos, apenas ir à praia, o que, definitivamente, não seria um programa recomendado para quem estava ali para organizar um plano de reconquista do poder. Para piorar, surgiram rumores de que havia policiais brasileiros infiltrados no hotel. Tarso teve a certeza de que a ameaça era real quando entrou no elevador e deu de cara com um sujeito moreno, de bigodinho, que, fingindo ser um funcionário do hotel, perguntou, em portunhol:

— "Suebe" ou "duesche"?

A revolta civil e militar planejada por Brizola jamais saiu do papel. No início contrário à luta armada, o ex-governador começava aos poucos a dar sinais de que admitiria organizar focos guerrilheiros no Brasil. Para isso, contava com a ajuda de Fidel Castro, que prometera oferecer treinamento aos militantes brasileiros em Cuba. Tarso, que jamais conseguira se enquadrar em qualquer disciplina partidária, não estava disposto a passar o ano de 1965 lendo manuais sobre técnicas de guerrilha, por maior que fosse sua paixão pela causa de Brizola. Seu ideário de luta passava mais precisamente no Rio de Janeiro, ao lado, se possível, de Nara Leão. Porém, voltar ao Rio naquele momento era impossível. Havia um pedido de prisão contra ele, e as chances de ser descoberto no apartamento da Figueiredo Magalhães, em Copacabana, eram enormes, ainda mais se fosse levada em conta a capacidade de discrição de seus colegas de quarto, Paulo César Pereio e Fernando Gabeira. O jeito foi atender ao pedido da família e ficar quietinho em Passo Fundo, onde Múcio armara um esquema para mantê-lo longe da mira dos militares.

Mas havia um traidor em Passo Fundo e não era o homônimo de Tarso. Sobrinho de Nei Vaz da Silva, amigo e sócio de Múcio de Castro numa empresa de tratores, o capitão Grey Belles tinha sido promovido a major, graças à influência do pai de Tarso. Quando o golpe militar estourou, em março de 1964, Grey Belles, contrariando o perfil legalista de Múcio, seu padrinho político, virou golpista de primeira hora. Passou a prender todos os suspeitos de envolvimento com a militância de esquerda em Passo Fundo, inclusive João Freitas, um dos mais importantes colaboradores de *O Nacional*. Havia rumores que o próximo alvo de Grey Belles seria Tarso, recém-chegado à cidade, vindo do Uruguai.

Como um bom caudilho, Múcio aprendera a resolver os impasses políticos na marra. Convocou o prefeito de Passo Fundo, Mário Menegaz, e um juiz, diretor do Fórum da cidade, e foram os três à casa de Grey Belles exigir a libertação de João Freitas. Foram recebidos com afagos e sorrisos pelo major. Múcio foi curto e grosso:

— Só estou aqui porque você prendeu o João Freitas e quero que você o liberte.

— Não posso fazer isso, deputado. Estou cumprindo a lei.

Múcio já esperava a reação autoritária e intransigente de Grey Belles. Sabendo que o oficial, estéril, jamais pudera ter filhos, encarou-o e, com o nariz grudado ao do major, encerrou a conversa:

— Olha, já que você não respeita o juiz, não respeita o prefeito, não respeita a Constituição, eu vou lhe dizer o seguinte: primeiro, você não é homem nem para fazer filho na sua mulher e, segundo, se você botar os pés dentro do meu jornal eu vou lhe tirar a bala.

João Freitas foi libertado horas depois e Tarso passou a ser tratado com reverência pela tropa do major traidor.

Cassado e exilado em Paris, Samuel Wainer assistira de longe à lenta agonia da marca *Última Hora*, que ele transformara na mais bem-sucedida cadeia de jornais do país. Da rede *UH*, espalhada por sete capitais, apenas a redação do Rio havia resistido ao golpe. Ocupada pelos militares, a *Última Hora* de Porto Alegre mudara de dono, de nome e de estilo para sobreviver aos novos tempos. O tabloide *Zero Hora*, de Ary de Carvalho, ex-diretor de redação da *UH*, chegava às bancas no dia 4 de maio de 1964, disposto a não comprar briga com a ditadura, como deixava bem claro o primeiro editorial: "Nasce hoje um novo jornal. Autenticamente gaúcho. Democrático. Sem compromissos políticos. Nasce com um único objetivo: servir ao povo, defender seus direitos e reivindicações, dentro do respeito às leis e às autoridades."

Ary de Carvalho, ao contrário de Samuel, era uma espécie de camaleão político. Com muita habilidade soube preservar a credibilidade do jornal, sem correr muitos riscos. Levou para a redação intelectuais de peso, como Erico Verissimo e Dante de Laytano, ao mesmo tempo em que abriu espaço para os militares. Era íntimo do general Justino Alves Bastos, comandante do III Exército. Reza a lenda que, para agradar ao general, Ary publicou durante anos a mesma fotografia do militar, caminhando pelo aeroporto de Porto Alegre, pois soubera que Justino, vaidoso, tinha um apreço especial pela foto.

Apesar da subserviência ao regime militar, a *Zero Hora* era a melhor opção de trabalho para os repórteres órfãos da *UH*. Jornais como o *Correio do Povo* e a *Folha da Tarde*, controlados pelo Grupo Caldas Júnior, tornaram-se ainda mais conservadores e reacionários após o Golpe de 1964. Além de tudo, a redação continuava sendo a mesma da *UH*, ali no número 738 da rua Sete de Setembro, assim como a equipe de jornalistas, apesar das significativas baixas — Paulo Totti, Mário de Almeida, João Batista Aveline e outros nomes importantes continuavam presos.

O repórter de polícia Wanderley Soares lembra do dia em que Tarso, livre do exílio forçado em Passo Fundo, após meses de reclusão, entrou na redação, ainda em pleno processo de transição para o novo modelo de jornal, aos berros, excitadíssimo:

— Mudou tudo! Mudou tudo!

Tarso acabara de vir de uma reunião com Ary de Carvalho e soubera que iria assumir a edição do caderno de variedades da *Zero Hora*. Teria carta branca para bolar um novo caderno de cultura, que pudesse ajudar o jornal a desbancar a forte concorrência do Grupo Caldas Júnior. Tarso criou o "Caderno ZH" e imprimiu seu estilo inconfundível: abriu grandes fotos de capa, modernizou a diagramação, deu um toque de ironia à linha editorial e prestigiou novos colunistas.

Uma de suas boas sacadas foi reeditar a coluna "Programinha", dedicada à vida noturna de Porto Alegre, abortada com o fim da *UH* e a prisão do titular, João Batista Aveline. O substituto, escolhido por Tarso, era um copidesque gordinho, de 29 anos, tímido crônico, notado na redação apenas pela elegância e charme de seus textos e pelo sobrenome famoso. Luis Fernando Verissimo, filho de Erico, saiu-se tão bem como cronista — além de escrever bem, entendia de *jazz* e de vinhos como poucos — que conseguiu desbancar em prestígio a coluna de Gilda Marinho, mito do jornalismo gaúcho.

Tarso valeu-se da condição de editor para flertar com uma paixão antiga. Há meses ele não deixava de pensar na garota que beijara na boate Encouraçado Botequim, a mais badalada de Porto Alegre, durante *show* da cantora Helena de Lima. Bárbara Oppenheimer não era apenas uma das mulheres mais bonitas da cidade. Era bisneta, por parte de mãe, de Caldas Júnior, fundador do *Correio do Povo*, e filha de Gustavo Oppenheimer, executivo alemão de sucesso que chegara ao Brasil em 1932, fugindo do nazismo, e tornara-se, em poucos anos, diretor-presidente do Grupo Bunge, uma das maiores empresas de agroindústria do mundo. Austero e conservador (primo distante de Robert Oppenheimer, o célebre físico americano, criador da bomba atômica), Gustavo deixou claro à filha que não gostaria de vê-la namorando um sujeito com fama de boêmio e mulherengo.

O editor do *Caderno ZH* não desistiu. Convocou seu melhor fotógrafo, Assis Hoffmann, e pediu que ele vigiasse de perto todos os passos de Bárbara. Tarso queria dedicar uma matéria de capa à *socialite* e estudante de psicologia, motivado muito mais por sua paixão do que por interesse jornalístico. Bárbara percebeu o assédio e não se deixou fotografar em nenhuma festa ou evento na cidade. Porém, durante um fim de semana na praia de Torres, frequentada pela burguesia gaúcha, não percebeu quando Hoffmann, escondido atrás de uma árvore junto com Tarso, flagrou todos os seus movimentos.

Na segunda-feira, a bisneta de Caldas Júnior estava estampada na capa do caderno de cultura da *Zero Hora*, principal concorrente do *Correio do Povo*, com o sugestivo título de "Bárbara Opus One". Tarso não só conseguiu aumentar as vendas do jornal como convenceu Bárbara

— e o pai dela — de que ele era um bom partido. No dia 22 de março de 1968, os dois se casaram na Igreja de São Pedro, arrumaram as malas e partiram de fusca para morar no Rio de Janeiro, onde Tarso iria começar a sua mais profícua aventura jornalística.

Capítulo 6

A revolução dentro da revolução

Sérgio Porto sobreviveu a quatro infartos, mas não à ditadura. Vítima de insuficiência cardíaca aos 45 anos, no dia 30 de setembro de 1968, só não teve o desgosto de testemunhar o horror do AI-5, o ato institucional que censurou mais de 500 livros, metade do que a Inquisição proibiu nos países católicos durante seis séculos. Sua morte, porém, abriu caminho para o surgimento do único sopro criativo da imprensa brasileira na época, um jornaleco feito por um bando de beberrões de Ipanema que iria influenciar o imaginário político-cultural de toda uma geração: *O Pasquim*, de Tarso de Castro.

Estrela maior do quadro de colunistas da *Última Hora*, Sérgio Porto, o Stanislaw Ponte Preta, não deixara órfão apenas o jornal de Samuel Wainer. Há tempos, ele era o editor do jornal *A Carapuça*, semanário sem muita expressão — vendia menos de 10 mil exemplares por edição —, de propriedade de Murilo Reis e Altair Ramos, os mesmos donos da Distribuidora da

Imprensa, responsável pela circulação da revista *Manchete*. Mas Sérgio Porto apenas emprestara seu nome para dar prestígio ao semanário: na maioria dos números quem redigia os textos de *A Carapuça* era Alberto Eça, seu assistente, o que justificava o relativo fracasso nas bancas.

Murilo e Altair foram em busca de um substituto à altura. Queriam alguém que pudesse dar sangue novo ao jornal, mas que mantivesse o humor e a clareza do editor anterior. Um cronista da categoria de Sérgio Porto, criador de tipos inesquecíveis, frasista incomparável, não se achava em qualquer esquina. Foi com espanto — e um certo ar de deboche —, que Tarso de Castro, então colunista da *Última Hora*, recebeu o convite de Murilo Reis para assumir a edição de *A Carapuça*:

— Murilo, você espera que um jornal, que já não vendia bem com o Sérgio Porto, vingue sem ele?

— Sim, Tarso. Por que não?

— Nem pensar. Não há substituto para Sérgio Porto. Segundo: não acredito num jornal feito por um só jornalista.

— O que sugere?

— Vamos mudar tudo. Esqueça o formato anterior, esqueça tudo. Vamos fazer um jornal marginal.

O diálogo, testemunhado por Sérgio Cabral e Jaguar, companheiros de *UH*, marcou o início de uma série de encontros entre o jornalista e os dois proprietários da Distribuidora da Imprensa. Tarso insistia na ideia da criação de um tabloide (formato que causou estranheza a Murilo e Altair), ao estilo *Panfleto*, porém pluralista e com uma dose de humor que honrasse a herança deixada por Sérgio Porto. Um tabloide que pudesse reunir boa parte da *intelligentsia* carioca e uma nova geração de cronistas e cartunistas que não estivesse entregue ao marasmo da imprensa pós-AI-5 e nem alinhada com a moderação quase covarde do Partido Comunista.

Não havia como duvidar do poder de aglutinação do colunista da *Última Hora*. Tarso podia ser visto — no mesmo dia — debatendo com Glauber Rocha no Veloso; cantando baixinho com os bossa-novistas no apartamento de Nara Leão; curtindo o desbunde com os tropicalistas nas Dunas da Gal (apesar de detestar praia); discutindo política econômica com Roniquito de Chevalier (e poesia com Carlinhos Oliveira) no Antonio's... Em sua coluna da *UH*, publicada no dia 23 de dezembro de 1968, o jornalista gaúcho se vangloriava, sem falsa modéstia, de ter conquistado o Rio em tempo recorde:

"Ontem eu estava pensando o seguinte: afinal de contas já li muito Proust, Kafka, Super-Homem, Tio Patinhas, Jean-Jacques Servan-Shreiber, Jaguar, a revista do Diner's, Marcuse e tudo o que estiver na moda. Frequento as sessões especiais do Museu da Imagem e do Som, recebo discos de Ricardo Cravo Albin, tomo caipirinha no Veloso religiosamente, dialogo no Antonio's e janto no Mário, onde sou conhecidíssimo. Aos fins de semana, tomo cerveja no Osvaldo Assef ou no Magaldi, jogo futebol com o Sérgio, namoro a Andreia (tomem nota deste nome), brilho no pôquer na casa do Prósperi, faço *surfe* perfeitamente, tenho jornaleiro próprio e até já morei na casa do Hugo Bidet. Volta e meia ganho pôsteres, quadros, enfim, artes plásticas em geral de diversas personalidades. Danço todos os ritmos, novos e velhos, sou completamente tarado pelos filmes de Carlos Gardel e Carmen Miranda. Conheço a história do cinema brasileiro, tenho especial desprezo por Sérgio Bittencourt e todos os maus-caracteres da praça, converso com o Glauber Rocha e com o Cacá Diegues — eles até me chamam de tu — e já fiz entrevista com Eliana. Além disso, conheço a Nara Leão, o Vinicius de Moraes, o Chico Buarque, o Dori Caymmi, o Capinam, o Paulo Góis, o Edu Lobo, isto sem falar no Caetano Veloso, na Gal Costa, no Manolo e muitas outras personalidades. O Zózimo Barroso do Amaral me cumprimenta, a Gilda Miller fala sempre comigo, o Tavares de Miranda me telefona de São Paulo regularmente. Conheço o Palácio Alvorada por dentro, conheço todos os ministros presentes, passados e provavelmente grande parte dos futuros, trato bem as crianças, qualquer dia vou entrar pro Rotary Club (o Lions, nunca!), compro qualquer besteira na Feira das Providências, dou natal pra todo mundo, sou o mais veemente antirracista, tenho a coleção completa do *Mad*, *Playboy*, *Lui* e *Gibi Mensal*. Sei o nome secreto de todos os super-heróis, faço charme de acordo com o livro de etiquetas, faço a barba com lâmina estrangeira, sei distinguir um uísque do outro pelo rótulo, protestei contra o casamento de Regina Rosemburgo, frequento teatros, cinemas, beco da fome e ajudei a fechar o Zeppelin sem pagar os últimos de Dico Vanderlei, recebo cartas de Tom Jobim, já estive com Geraldine Chaplin, conheço o latifúndio dorsal de Kim Novak. Sei a história da Segunda Guerra inteirinha, sou apaixonado pela Maria Bethânia, brigo regularmente com Carlinhos Oliveira (é só briga de amor), frequentei a Estudantes, vi ensaios da Mangueira, falo mal de Gustavo Corção e do Nelson Rodrigues, falo sobre chimarrão com o Daniel Krieger, já entrevistei o presidente da República, amo o Garrincha e não gosto do Pelé, conheço Europa, Ásia e África, li todos os livros sobre Vietnã e vi todos os filmes de Chaplin. Além de tudo isso, tenho olhos castanhos esverdeados e estou treinando caratê para brigar com o Hugo Carvana.

"Agora, eu quero saber do seguinte: por que é que até agora o Ibrahim não pediu minha opinião sobre as cem mulheres mais bonitas do Brasil?"

Tarso aceitou a proposta de Murilo e Altair desde que ele se tornasse sócio e tivesse carta branca para montar o novo jornal. Pretendia partilhar com os novos colaboradores os 50% que lhe foram oferecidos. Sérgio Cabral e Jaguar foram chamados e aceitaram participar, sem muito entusiasmo. Cabral mal tinha tempo: conciliava o trabalho de assistente editorial de Tarso na coluna "Hora H" com a dura rotina de repórter da sucursal da *Folha de S. Paulo* no Rio. Jaguar era ainda mais cético: não acreditava que um sujeito pudesse viver do jornalismo, tanto que continuava trabalhando como escriturário do Banco do Brasil.

Carlos Prósperi, publicitário da Shell, e Claudius, cartunista com bons serviços prestados ao *Diário Carioca* e à revista *Manchete*, foram convocados por Tarso para ajudar no projeto gráfico. Como o planejamento era definido, por exigência do novo editor, em cima de uma mesa de bar, a cada encontro no Zeppelin ou no Jagandeiro o tabloide ganhava um novo reforço. Os primeiros a se juntar ao grupo foram Ziraldo, Paulo Francis e Flávio Rangel. Ziraldo vinha de uma bem-sucedida experiência como editor do "Cartum JS", suplemento de humor criado para o *Jornal dos Sports* em 1967, que acabou, como muitos outros, abortado pelo AI-5. Tarso não gostava de Ziraldo, e vice-versa. O cartunista era um dos alvos prediletos do colunista da *Última Hora*, que sempre arrumava um motivo para cutucá-lo na "Hora H". Quando soube que Ziraldo havia dado uma nota baixa ao grupo Os Mutantes, um de seus prediletos, durante o III FIC (Festival Internacional da Canção), em 1968, Tarso não perdoou:

> "Entro em seara alheia apenas para contar algumas coisinhas que os colunistas especializados, por uma questão ética, não poderão contar: por exemplo, o nosso Ziraldo, teoricamente um dos partidários do chamado 'poder jovem', deu uma de esclerosado e, ao lado do Ricardo Cravo Albin, fez uma verdadeira pregação contra o excelente grupo Os Mutantes, dando uma das piores notas recebidas pelos autores de 'Caminhante Noturno'".

Aceito no projeto, Ziraldo passaria a ser chamado carinhosamente por Tarso de "meu inimigo íntimo". Foi com o espírito desarmado que o jornalista bateu à porta de um dos maiores egos da imprensa brasileira. Para Millôr Fernandes, aquela era a melhor piada do ano: um jornal feito só por jornalistas, e de humor, em pleno AI-5? Não tinha como dar certo. Ele experimentara o gosto do fracasso com a revista *Pif-Paf*, lançada um mês após o golpe militar de 1964 e que, fechada pelo regime, durara minguados oito números. Millôr tratou de desencorajar Tarso:

— Olhe, rapaz, desista. O jornal não vai vingar, em seis meses será fechado.
— Pronto. Você escreverá sobre isso no nosso primeiro número — desafiou Tarso.

O pessimismo era tanto que as reuniões no Zepellin, no Jangadeiro e na sede da Distribuidora da Imprensa, na rua do Resende, centro do Rio, se esvaziaram. Num artigo publicado na revista *Status*, em junho de 1976, Tarso revela as dificuldades para levar o primeiro número de *O Pasquim* às bancas, muito mais por descrédito dos jornalistas do que por falta de dinheiro:

"Convidei Ziraldo para participar como sócio. Ele recusou. Millôr Fernandes também caiu fora — chegou a escrever um artigo prevendo o final da publicação em poucos números, coisas que se explicam pelo fato de que ele considera insuportável qualquer coisa que dê certo e que não o tenha como autor. Doente. Claudius ia para a Europa, e Prósperi tinha, no momento, outros interesses. Acabamos como sócios, eu, Jaguar e Sérgio. Fiz esta exigência a Murilo: não queria meus 50 por cento sozinho. E dei a eles dois uma parte maior na sociedade, em termos individuais. (Luiz Carlos) Maciel foi o primeiro não sócio que convidei."

Do time fechado por Tarso, apenas dois nomes eram de sua mais pura confiança: Fortuna, o editor-gráfico de *O Panfleto*, e Luiz Carlos Maciel, amigo desde os tempos de Porto Alegre, também colaborador do tabloide brizolista e colega de jornal. Martha Alencar, sua terceira e fiel escudeira, só faria parte do jornal mais tarde, como chefe de redação, um ano após o lançamento de *O Pasquim*".

Repórter e desenhista de moda, Martha ganhou respeito num meio predominantemente machista ao escrever grandes reportagens sobre comportamento para o caderno feminino de *O Globo* — foi a primeira a entrevistar Maria Bethânia, na sua chegada ao Rio. Casada com o ator e cineasta Hugo Carvana, amigo da "bandidagem" de Ipanema, que incluía, além do próprio Tarso, Hugo Bidet, Ivan Lessa, Zequinha Estelita e Glauber Rocha, Marthinha só se aproximou pra valer de Tarso durante o projeto *O Sol*, uma espécie de jornal-escola inventado pelo artista gráfico e editor Reynaldo Jardim.

Encartado diariamente no *Jornal dos Sports* (no início, depois tornou-se independente), *O Sol* teve vida curta. Durou de setembro de 1967 a janeiro de 1968, tempo suficiente para entrar na história. O grupo de editores, selecionado por Jardim, era de fazer inveja a qualquer escola de jornalismo. Zuenir Ventura era o editor-chefe, devidamente auxiliado pelos conselheiros Otto Maria Carpeaux, Ana Arruda Callado e Márcio Moreira Alves. O editor de polícia era Carlos Heitor Cony, que fazia dupla com o editor de geral, Tarso de Castro. Entre os alunos, Dedé Veloso, mulher de Caetano (que cantaria o verso "O sol nas bancas de revista/ Me enche de alegria e preguiça", em "Alegria, Alegria") e Martha Alencar, a favorita do professor Tarso.

Com o fechamento de *O Sol*, Marthinha aceitou o convite de Fernando Gabeira para trabalhar como redatora no *Jornal do Brasil*. Gabeira, encorajado por Alberto Dines, diretor de redação, havia promovido, junto com Murilo Felisberto, uma pequena revolução no departamento de pesquisa do *JB* — das mãos dos dois editores nasceram vários projetos, como o "Caderno de Jornalismo", sucesso na época. Após a saída de Gabeira, mergulhado na luta armada, Marthinha se tornou seu braço político na redação, elo quebrado quando a jornalista ficou grávida do primeiro filho com Carvana e pediu dispensa do *JB*.

Marthinha foi convidada por Tarso a visitar, na rua do Resende, a gráfica do novo tabloide, que ele, Fortuna, Luiz Carlos Maciel e os outros colaboradores prometiam transformar na maior novidade jornalística dos últimos tempos. A repórter se entusiasmou com o projeto na mesma hora e fechou com Tarso que, assim que pudesse, escreveria uma crônica sobre a emancipação feminina.

Escalado pela *Folha de S. Paulo* para acompanhar a viagem de Magalhães Pinto, ministro das Relações Exteriores, à Europa, Sérgio Cabral aproveitou a excursão para atender a um pedido de Tarso: convencer Chico Buarque a colaborar com *O Pasquim*. Tarso, diferentemente da maioria dos jornalistas de sua geração, aprendera a gostar do compositor por meio da convivência com o pai, o historiador Sérgio Buarque de

Holanda. Levado diversas vezes por Vinicius de Moraes na famosa casa da família Buarque de Holanda, em São Paulo, tornou-se íntimo do intelectual — o que poucos conseguiram — logo na primeira visita.

Serjão, um grande gozador, identificou-se na mesma hora com o estilo fanfarrão de Tarso, que também se apaixonou pelo autor de *Raízes do Brasil*: o jornalista, sabendo que o historiador, glutão inveterado, adorava carne de caça, nunca deixava de levar à rua Buri, no Pacaembu, uma paca inteira para o almoço. Tarso também seduziu a terceira geração: a filha de Miúcha, Bebel Gilberto, então com três anos, demorou para esquecer as histórias sem pé nem cabeça narradas por ele, tanto que tratou de batizar sua boneca de "Tarsa".

Exilado em Roma, passando por dificuldades financeiras, Chico aceitou de bate-pronto colaborar com *O Pasquim*. Agora restava a Tarso convencer outro grande nome da música brasileira, também exilado na Europa. Quem faria a ponte desta vez seria Luiz Carlos Maciel, amigo de longa data de Caetano Veloso. Morando em Londres com Gilberto Gil, o compositor baiano aceitou o convite, mas não se entusiasmou muito com o projeto de Tarso — só mudou após uma veemente intervenção de Glauber Rocha:

"Eu achava o *Pasquim* legal, mas muito ipanêmico, aquela coisa de ser bacaninha, da Zona Sul, um mundo do qual eu já tinha me desligado desde 1966, desde o embrião do Tropicalismo. Eu queria muito mais, queria o Brasil todo com mais força do que aquele negocinho de Ipanema. No exílio, durante a temporada que o Glauber esteve em minha casa, eu questionei justamente esse lado do *Pasquim*, a coisa de Ipanema. Disse que aquilo tudo era muito chato e, sem conhecer muito o Tarso, falei: 'Glauber, eu tenho a impressão de que tudo é o Tarso de Castro.' Como o Tarso era meio bonitinho, galanteador, folclórico, eu achava, por conhecê-lo superficialmente, que ele era a mais perfeita definição do homem da Zona Sul carioca. Como tinha adoração por Millôr desde a infância e desde a adolescência pelo Paulo Francis e era amigo do Maciel desde a Bahia, então sobrava o Tarso para representar a frivolidade e o bom gostismo da Zona Sul. Ao ouvir minha queixa sobre o Tarso, Glauber, com aquele temperamento intempestivo e apaixonado dele, fez o seguinte comentário: 'Não! Você não está entendendo nada! Paulo Francis não vale nada. E mais: o pior de todos é o Millôr! E o único que presta é o Tarso de Castro. Ele é uma palavra só: "Coração"'.

No dia 26 de junho de 1969, enquanto o país testemunhava o mau humor contagiante do AI-5, um jornal chegava às bancas para reinventar a alegria jornalística. *O Pasquim* era a revolução dentro da revolução. Ali, se deflagraram todos os movimentos. A revolução do jornalismo, a libertação do coloquial, a viabilização do esquerdismo, a libertação do humor e do feminismo, a explosão da contracultura, o desatamento do movimento *gay*. Era a imagem e semelhança de seu criador, Tarso de Castro, que, em poucos meses, conseguira reunir um time de colunistas de primeira grandeza.

Para se contrapor ao ceticismo de Millôr, que, cumprindo a promessa, redigiu um texto condenando o tabloide à vida curta ("podem começar a contagem regressiva"), Tarso escreveu com o coração, ao gosto de Glauber:

"*O Pasquim* surge com duas vantagens: é um semanário com autocrítica, planejado e executado só por jornalistas que se consideram geniais e que, como os donos dos jornais não reconhecessem tal fato em termos financeiros, resolveram ser empresários. É também um semanário definido — a favor dos leitores e anunciantes, embora não seja tão radical quanto o antigo PSD. Até agora, *O Pasquim* vai muito bem, pois conseguimos um prazo de trinta dias para pagar as faturas. Este primeiro número é dedicado à memória do nosso Sérgio Porto, que hoje deveria estar aqui conosco. No mais, divirtam-se — enquanto é tempo e não chega o número dois."

Capítulo 7

A bicha do *Pasquim*

Tarso bateu o martelo: se o número de estreia de *O Pasquim* era dedicado à memória de Sérgio Porto, por que não convidar Ibrahim Sued para ser o primeiro entrevistado do tabloide? Afinal, poucos personagens haviam incitado tanto o humor de Stanislaw Ponte Preta quanto o controvertido colunista social. O cronista era tão grato à sua fonte inspiradora que chegou a lhe dedicar um sincero e singelo bordão: "Ah! Ibrahim, Ibrahim! / Se não fosse tu, o que seria de mim?" Munidos de duas garrafas de uísque Buchanan's e um gravador, Tarso, Jaguar e Sérgio Cabral foram ao encontro de Ibrahim, no boteco Au Bon Marché, em Copacabana.

Colunista mais badalado do país, Ibrahim não era lá era muito querido pela classe jornalística. Para alguns, não passava de um grosseirão metido a grã-fino. Para outros, um lambe-botas a serviço da ditadura. Ou seja, um personagem e tanto para a primeira entrevista. Ibrahim falou pelos cotovelos. Só fugiu do pau quando foi pressionado a dar sua opinião sobre o presidente Costa e Silva: "É um avô extremado", elogiou, sem ironia. Perguntado se apontava um substituto para suceder Costa e Silva, foi certeiro: General Garrastazu Médici.

As entrevistas se tornaram o grande charme do tabloide. Não apenas pela diversidade na escolha dos convidados — num mesmo mês, Antônio Houaiss, Zé do Caixão, Oscar Niemeyer e Éder Jofre beberam do uísque da redação —, mas principalmente pela forma com que elas eram editadas, ou melhor, não eram editadas. Por preguiça ou falta de tempo, Tarso, Jaguar e Cabral resolveram publicar na íntegra o papo com Ibrahim. O leitor aprovou a espontaneidade, e a fórmula virou padrão do jornal. Numa crônica escrita no número 20, dirigida à patota de *O Pasquim*, Tarso brinca com o sucesso das entrevistas:

"E as entrevistas, Deus meu? É claro que vocês pensam que descobriram alguma coisa nova. Quer dizer: os leitores pensam isso, porque vocês sabem muito bem o que estão fazendo. Antes, tomavam seus pileques diários e ainda tinham que pagar a despesa. Com isso, não havia dinheiro que chegasse. E o que fizeram, então? Ora, compraram um gravador (sou capaz de jogar que foi na base da permuta) e passaram a gravar devidamente seus porres. E as entrevistas — se é possível chamá-las assim — estão aí, todas as semanas, a provar que o álcool corrompe o organismo e funde a alma. E o que me admira, senhor editor, é que muita gente compra este jornaleco pensando numa leitura saudável e nem sonha que está colaborando com a bebedeira de vocês."

A primeira entrevista editada de *O Pasquim* entrou para a história. Tarso estava na praia com Paulo César Pereio quando recebeu uma queixa do ator: "Vocês têm de entrevistar mais mulheres!" Solidário ao amigo, o jornalista saiu de lá direto para o Jangadeiro, ali pertinho, em Ipanema. Queria fazer o convite a uma de suas musas prediletas, tão desbocada quanto ele, que fizera sucesso interpretando ela mesma no filme *Todas as Mulheres do Mundo*, dirigido pelo namorado Domingos de Oliveira. Leila Diniz topou na hora, desde que pudesse dizer o que deveria ser dito.

"O filme era uma MERDA incrível (...) Me lembrar desta data é FODA para mim (...) Eu gosto pra CARALHO de fazer novela e de fazer cinema (...) De uns três meses pra cá, eu ando muito PUTA porque a Excelsior se FUDEU e eu junto (...) Professorinha uma PORRA, fui professora (...) Não quero imaginar que as pessoas sejam tão CAGONAS assim (...) A mim nunca disseram porque eu mando logo tomar no CU (...)"

A entrevista de Leila não tinha como ser publicada na íntegra. Deixaria os censores furiosos, de cabelo em pé. Trocar os 72 palavrões por sinônimos mais adequados nem pensar — iria contra o padrão estabelecido desde a entrevista com Ibrahim. Foi de Tarso a grande sacada: substituir cada palavrão por um asterisco. Deu certo. Os censores demoraram meses para entender o artifício bolado por Tarso, mas até o mais pudico dos leitores de *O Pasquim* sabia o que Leila queria dizer com "O filme era uma * incrível".

Publicada no número 22, no dia 20 de novembro de 1969, a polêmica entrevista com Leila Diniz impulsionou ainda mais as vendas de *O Pasquim*. O tabloide, que o mau agouro de Millôr condenara à vida curta, era um sucesso estrondoso: começara com 14 mil exemplares, pulara para 94 mil no número 19; 117 mil na capa de Leila; 140 mil no número 23; 200 mil no número 27; e 225 mil no número 32. Muito do sucesso nas bancas deveu-se à boa aceitação do jornal em São Paulo. O leitor paulista foi conquistado de uma maneira não muito convencional, a partir de outra ideia do editor-chefe, Tarso de Castro.

Espumando de ódio, os paulistas não resistiam e se aproximavam das bancas para ver que jornal era aquele que estampava uma manchete tão depreciativa ao povo de São Paulo: "Todo paulista é bicha". O ultrajado só se acalmava quando conseguia ler, em letras minúsculas, logo após a palavra paulista, a explicação para tal calúnia: "que não gosta de mulher." A maioria levou na brincadeira — e passou a comprar o jornal —, outros, como o compositor Luís Carlos Paraná, numa carta ao *Pasquim*, não tiveram tanto senso de humor:

"Afinal, quem começou a briga não foi um carioca, mas um gaúcho de lá bem mais embaixo ainda, com muito mais tempo de Rio de Janeiro (cidade maravilhosa, cheia de enganos mil) do que eu de São Paulo. Um gaúcho deslumbrado com o Rio. Ainda. (...) Se pelo menos fôssemos atacados pelo Millôr, realmente carioca, realmente humorista, este sim, uma parada que dá gosto. Mas o Tarso! Pois se ele ainda não decidiu se quer ser humorista ou não!"

Não era a primeira, nem a última vez que Tarso chamava alguém de bicha. No número 54, num texto impagável, amigos — e inimigos — do jornalista eram chamados de bicha. Ninguém escapou. A bicha escolhida para abrir a lista, por razões óbvias, foi Millôr:

> "Millôr Fernandes chegou da Europa e é bicha; Martha Alencar é bicha e o marido dela, o Hugo Carvana, bicha; o Sérgio Cabral, por sua vez, tem vergonha, acha que pai de família não deve confessar isso, mas eu sei: é bicha; o Paulo Francis, que fica fazendo aquele bico, é bicha, o Chacrinha, nem se fala, é bicha; o Gérson, mesmo jogando pra burro, é bicha; o Fortuna é bicha, bicha declarada..."

Depois de conceder o mesmo adjetivo a outras 101 personalidades, incluindo Carlos Drummond de Andrade, Brizola, Jango e João Saldanha, Tarso decretava: "O único macho do mundo é o Nelson Rodrigues". O escritor e dramaturgo mal teve tempo de desfrutar de tamanha honraria. Na edição seguinte, Tarso repetiu o texto, trocando a palavra bicha por macho e mudando o veredito: "A única bicha deste mundo é o Nelson Rodrigues".

Tarso virou "a bicha do *Pasquim*". A fama do jornalista espalhou-se tão rapidamente que, durante uma palestra em Santos, Leila Diniz, no auge da fama (sua carreira dera um salto depois da lendária entrevista ao jornal), foi questionada por um estudante: "O Tarso é mesmo bicha?" Leila Diniz respondeu como Leila Diniz: "Se ele é bicha, eu não sei. Só sei que ele tem um pau enorme."

A "bicha do *Pasquim*" não tinha tanto tempo para os homens. Mesmo casado com Bárbara Oppenheimer, que assumira a secretaria administrativa de *O Pasquim*, Tarso continuava sua peregrinação pelos bares e restaurantes de Ipanema. Foi no Monsieur Pujol, de Alberico Campana, que Tarso conseguiu pela primeira vez ficar a meio metro de distância de uma de suas maiores paixões: Sílvia Amélia, "A Pantera". De família nobre — era neta de Carlos Chagas, lendário sanitarista que identificou e prescreveu a forma de combater a Doença de Chagas no Brasil —, Sílvia Amélia fazia jus ao epíteto concedido por Ibrahim Sued. Linda, loira, deslumbrante, vinha sendo cantada por Tarso desde 1968, quando ainda era casada com o empresário Paulo Fernando Marcondes Ferraz.

Toda vez que avistava Sílvia Amélia e o marido perambulando pelas ruas de Ipanema, Tarso registrava o acontecimento na sua coluna da *Última Hora*: "Ontem, vi Sílvia Amélia a 100 metros de distância..." Se o encontro se repetia, o jornalista voltava a escrever, sem a menor cerimônia: "Ontem vi Sílvia Amélia a 80 metros de distância..." Quando a distância se tornou ínfima, ela separou-se do marido e foi curtir a boemia de Ipanema. Na noite em que Tarso ficou cara a cara com sua presa, a musa dava aula de etiqueta no Monsieur Pujol, junto com Ibrahim Sued. Para compensar os dois anos de sofrimento platônico, o jornalista grudou na *socialite*, a ponto de Ibrahim Sued, louco de ciúmes, exigir que Alberico expulsasse o intruso do restaurante. Não precisou: Tarso foi embora, devidamente acompanhado da "Pantera".

Na redação da rua Clarisse Índio do Brasil, no bairro de Botafogo, Jaguar entrava em desespero. A turma do *Pasquim* estava acostumada com os sumiços do editor-chefe, mas naquele dia Tarso passara do limite. O espaço reservado para a sua crônica, nas páginas 2 e 3 do número 64 (que cobria a semana de 10 a 16 de setembro de 1970), estava totalmente em branco a poucos minutos do fechamento. Como Tarso havia avisado que escreveria uma crônica sobre mulheres famosas, sob o título de "Jáco!", Jaguar pedira a Fortuna, o editor de arte, para diagramar a página com uma imensa foto de Brigitte Bardot e outras fotos menores de mulheres célebres.

Depois de horas enrolado nos braços de Sílvia Amélia, Tarso chegou à redação de *O Pasquim* a cinco minutos do fechamento. Com os cabelos embaraçados, sentou-se diante de sua Olivetti e começou a escrever freneticamente. Em dois minutos, soltou um grito: "Fechado!" Espantados, Jaguar, Sérgio Cabral e Fortuna foram conferir o que o editor redigira em tempo recorde. Tarso havia preenchido três laudas com a palavra blá-blá-blá. O texto foi um sucesso. No alto da página, o Sig, o espirituoso ratinho desenhado por Jaguar, advertia: "Esse blá-blá-blá de botequim todo mundo conhece!" No fim do tex-

to, uma nota da redação explicava aos leitores o motivo de tanto blá-blá-blá: "Estas são algumas das mulheres sobre as quais Tarso prometeu escrever, dizendo que 'jáco'. Provavelmente deve estar 'jáco' mais uma, pois não entregou o texto."
Com dificuldades para fechar as edições de *O Pasquim*, Tarso conseguiu um reforço de última hora. Martha Alencar acabara de voltar do exílio em Paris. Braço político de Fernando Gabeira no *Jornal do Brasil*, a jornalista havia sido obrigada a deixar o Brasil no segundo semestre de 1969, logo após o sequestro do embaixador Charles Elbrick, arquitetado por Gabeira e outros militantes de esquerda. Sem dinheiro para deixar o país, só conseguiu viajar a Paris depois de uma "vaquinha" feita por Tarso, João Saldanha e Vinicius de Moraes. Reza a lenda que Tarso conseguiu juntar sua parte, em dólares, depois de receber uma generosa contribuição de um amigo guerrilheiro da VPR (Vanguarda Popular Revolucionária) — o grupo terrorista acabara de roubar milhões de dólares do cofre de Adhemar de Barros, o mesmo que Tarso na infância admirava pelo "Rouba, mas Faz".

A nomeação de Martha Alencar para a secretaria de redação, feita por Tarso, desagradou parte dos colaboradores de *O Pasquim*, como revela a jornalista:

"O Tarso não gostava do trabalho braçal de editor. Acho que acabei lá um pouco por causa disso. Houve uma reação machista do Millôr, do Ziraldo: 'Não pode, o que é isso?' Na verdade, ali não existia chefe de redação. As decisões eram tomadas na porrada. Existia a pessoa que colocava o jornal no papel, que estabelecia as prioridades, os títulos, que dava forma ao jornal. E isso eu fazia junto com o Tarso. Mas era difícil, pois o *Pasquim* era uma colcha de retalhos de egos gigantescos."

A luta pelo poder dentro do jornal começava na escolha dos entrevistados. Tarso, Maciel, Martha, Cabral e Jaguar defendiam sempre a escolha de um personagem polêmico, controverso, não necessariamente abençoado pela *intelligentsia* carioca. Outro grupo, liderado por Millôr e Paulo Francis, torcia o nariz toda vez que um não leitor de Proust e Camus era convocado para ser sabatinado em *O Pasquim*. Francis chegou a fazer um protesto no meio da entrevista com os atores Paulo José e Dina Sfat, publicada no número 29, em janeiro de 1970: "Eu quero fazer o meu protesto contra a censura que sofri durante esta entrevista, ao tentar discutir assuntos intelectuais com o casal, porque é uma das raras entrevistas realmente inteligentes que entraram neste jornaleco de quinta categoria, dirigido pelo Tarso, porque, no que me concerne, como diria Jânio Quadros, chega de cantor de rádio!"

Fã de Wagner e Bach, Francis achava perda de tempo entrevistar artistas "menores", como Jorge Ben, Gal Costa, Baden Powell e Ângela Maria. Já em relação a Millôr, muitos eram capazes de jurar que o humorista carregava uma pontinha de inveja dos músicos, pois jamais conseguiu emplacar como compositor — Nara Leão tentou, mas não conseguiu melhorar a canção "O Homem", de Millôr, desclassificada logo de cara no II Festival da Música Popular Brasileira, promovido pela TV Record, em 1966.

O entrevistado do número 68, levado às bancas na semana de 7 a 13 de outubro de 1970, era capaz de causar erupções de urticária em Millôr e Francis. Roberto Carlos, o cantor mais popular do país, acabara de aceitar o convite do amigo Tarso de Castro para ser interrogado pela patota de *O Pasquim*. O líder da Jovem Guarda tinha uma dívida eterna com o editor-chefe do tabloide: meses antes ele roubara a grande paixão de Tarso, Sílvia Amélia, usando um golpe dos mais baixos.

Depois de um rápido *affair* durante uma rodada de uísque na boate Sucata, de Ricardo Amaral, com a presença de Tarso, Roberto e Sílvia Amélia passaram a se encontrar secretamente na suíte presidencial do Copacabana Palace. Dali em diante, completamente hipnotizados, cantor e jornalista iniciaram uma batalha fratricida pela conquista da moça, que consumiu três floriculturas inteiras. Quando Tarso, depois de presenteá-la com um casal de periquitos australianos, já dava a guerra por vencida, Roberto apelou.

Cantando baixinho — como ele fizera no começo da carreira, imitando João Gilberto —, mostrou à garota versos inteiros de uma nova canção, chamada "Detalhes", inspirada, claro, nela mesma: "Não adianta nem tentar/ Me esquecer/ Durante muito tempo em sua vida/ Eu vou viver..." A letra fazia menção a um certo cabeludo, que insistia em atravessar o caminho dos dois: "Se um outro cabeludo aparecer/ Na sua rua/ E isto lhe trouxer saudades minhas/ A culpa é sua." Tarso jogou a toalha — só foi reconquistar a "Pantera" tempos depois, quando Roberto decidiu levar a sério o casamento com a professora primária Cleonice Rossi.

O papo com Roberto Carlos rendeu dois números do *Pasquim* e 450 mil exemplares vendidos (225 mil de cada). Apesar do estrondoso sucesso, o clima na redação não era de festa. Uma semana antes da entrevista com o cantor romântico, um furacão já havia varrido qualquer tentativa de convergência entre a turma liderada por Tarso e a patota de Millôr. Para muitos, a gota d'água ocorreu no dia em que Tarso anunciou a todos quem ele acabara de convidar para ser o entrevistado do número 67: ninguém menos do que Flávio Cavalcanti.

Perto de Flávio Cavalcanti, Ibrahim Sued, o primeiro entrevistado de *O Pasquim*, não passava de subversivo perigoso. Não havia ninguém mais reacionário, sensacionalista do que o popular apresentador da TV Tupi. Era a própria direita brasileira em pessoa. Seu ídolo era Carlos Lacerda. Os inimigos? Homossexuais, padres progressistas e todo artista que afrontasse a moral e os bons costumes. John Lennon "era a encarnação do mal". Caetano Veloso, "discípulo de Timothy Leary", o papa do LSD — o apresentador chegou a quebrar, ao vivo, um disco do cantor baiano, depois de "descobrir" que as iniciais das palavras "lenço sem documento" (L.S.D.), da letra "Alegria, Alegria", eram, sim, uma clara referência ao ácido lisérgico.

A entrevista com Flávio Cavalcanti entrou para a história como a segunda editada por *O Pasquim*. Não pelos excessos de palavrões, como no caso de Leila Diniz, mas sim porque era impossível reproduzir os xingamentos, sopapos e pontapés trocados por Tarso e Ziraldo durante a conversa, como conta Martha Alencar:

"Eu acho que o grande racha de *O Pasquim*, que marcou a gente profundamente, foi a entrevista com o Flávio Cavalcanti. O Tarso defendeu que [ela] deveria ser feita, e a outra ala do *Pasquim* reagiu com violência à ideia. Diziam que o jornal não devia entrevistar o Flávio, que não devia sujar as mãos com um cara de direita, ligado à ditadura. Mas o Tarso defendeu a realização da entrevista, o que acabou virando uma briga interna. O Tarso e o Ziraldo se atracaram no meio da entrevista, brigaram fisicamente. Xingaram-se, lavaram roupa suja. O Flávio ficou com a faca e o queijo na mão, porque, com a briga, não deu para colocá-lo na parede. Muita gente diz que o *Pasquim* chegou ao fim por causa de problemas administrativos. Mas eu acho que não. Foi um racha ideológico."

No número 72, de 4 a 10 de novembro de 1970, exatamente um mês após a entrevista com Flávio Cavalcanti, o nome de Tarso já não aparecia no expediente do jornal. Em seu lugar, no cargo de editor-chefe, assumia Sérgio Cabral. Num artigo com o título de "Aviso à Praça", Tarso explicava, ao seu estilo, os motivos do afastamento:

"Com a minha saída da direção do *Pasquim* muitos boatos surgiram, de tal maneira que, finalmente, sou obrigado a fazer esta nota pública a respeito do assunto. [...] Falou-se de tudo. Que dei desfalques imensos, fazendo inúmeras transferências de numerário para a Europa, tendo mesmo aberto uma conta em banco suíço, sob número secreto e inviolável; que, desde o nascimento da ideia de lançar *O Pasquim*, eu só tive como meta o aproveitamento — ao máximo — do futuro sucesso do jornal em benefício de esquemas por mim escolhidos e que a mim interessavam. [...] De tudo fui acusado – corrupção, imoralismo total, farras permanentes, entregue total aos prazeres do vício, colocação do sexo, a qualquer custo, em todos os momentos da minha vida, enfim, uma orgia total coroada de cifrões. Diante de tantas versões, de tantos boatos, portanto, sou obrigado a este esclarecimento, certo de que a moral de um homem não pode ser atingida, manchada, destruída impunemente.

Aos meus amigos, aos que confiaram em mim, portanto, venho hoje de público, confiante, com a cabeça erguida, com a certeza do dever cumprido, especialmente com a certeza de ter trilhado sempre o caminho que me pareceu melhor, esclarecer, de uma vez por todas: os boatos exprimem a mais clara, objetiva, irretocável, límpida expressão da verdade. Aquilo é que foi um tremendo barato."

O artigo de Tarso ainda iria render muita polêmica e trocas de acusações de todos os lados. Porém, antes da separação definitiva, a patota de *O Pasquim* teria de se suportar mais um pouco. E não era na agradável redação da rua do

Resende, e sim no xilindró da Vila Militar, em Realengo, onde seriam os novos hóspedes da ditadura. Para Tarso, um consolo: ele ficaria por um tempo livre das intrigas de Millôr, seu maior desafeto. O humorista, como de praxe, foi o único a não ser preso.

Capítulo 8

Oito gripados e um traidor

Desta vez a provocação não partiu de Tarso. Inspirado, Jaguar decidiu fazer uma gozação com o quadro de Pedro Américo em que dom Pedro I, às margens do Ipiranga, grita "independência ou morte". No lugar da célebre frase, o imperador brasileiro aparecia em *O Pasquim* erguendo a espada por uma reivindicação menos nobre: "Eu também quero Mocotó!", bradava, parodiando o sucesso de Jorge Ben. Os militares não acharam a mínima graça. Dias depois da publicação, no dia 1º de novembro de 1970, estavam todos no xadrez da Vila Militar: Jaguar, Sérgio Cabral, Paulo Francis, Ziraldo, Fortuna, Flávio Rangel, Paulo Garcez, fotógrafo do jornal, e José Grossi, diretor comercial. Apenas um mandado de prisão não pôde ser cumprido. No dia da invasão ao jornal, Tarso conseguira escapar, refugiando-se na casa do jornalista Nelson Motta.

O advogado Nelson Cândido Motta não entendeu nada quando soube que Tarso escolhera a sua casa como abrigo político. A escolha não podia ser mais inoportuna, já que seu filho acabara de deixar o Dops e estava sempre na mira dos militares. Nelsinho, contra a vontade do pai, segurou a barra por alguns dias. Não esquecera do apoio de Tarso durante a doença de sua mulher, Mônica Silveira.

Internada com tétano num hospital do centro da cidade, Mônica chegou a ficar dois meses em coma. Como não havia lugar para acompanhantes e nem salas de espera, família e amigos se revezavam dia e noite na porta do hospital. Tarso era um dos mais presentes, como lembra Nelsinho: "Um dia ele chegou daquele jeito dele, falando alto, e viu o drama que eu estava vivendo. Me chamou no canto e me ofereceu um papelote de cocaína: 'Vai lá no banheiro cheirar, você vai se sentir melhor'. Era a primeira vez que eu via cocaína na minha frente, mas não cheirei. O Tarso era assim: um cara generoso, solidário — saiu de casa de madrugada para visitar a gente —, mas maluco, sempre com uma solução porra-louca".

Apesar de afastado da função de editor-chefe, Tarso pretendia retomar, na cladestinidade, o comando do jornal, enquanto a patota de *O Pasquim* estivesse presa. Ele organizaria as tarefas de um escritório improvisado no motel Holiday (os motéis, ao contrário dos hotéis, não exigiam inscrição de hóspede), na Barra da Tijuca, que seriam executadas na redação da rua do Resende por Martha Alencar, Bárbara Oppenheimer e Henfil — nenhum dos três havia recebido ordem de prisão. A boa vida de editor no motel da

Barra não durou mais que dois dias. Numa noite de sexta-feira, Tarso recebeu telefonema da carceragem da Polícia Federal, na rua Frei Caneca, centro do Rio:

— Tarso de Castro?
— Quem quer falar?
— Estamos aqui com a Bárbara, sua esposa. Ela só sai daqui se você se entregar.
— Posso falar com a minha mulher?
— Não, não pode.
— Como vou saber que ela está mesmo presa?
— Quer uma pista? Ela está de calcinha azul hoje.

Tarso entregou-se imediatamente. Múcio de Castro ainda tentou, contrariando o filho, evitar a prisão, mas a sua relação com os militares não era das melhores. Durante o governo Castello Branco, o político gaúcho recebera a visita do ministro da Educação, Tarso Dutra, que viajara a Passo Fundo para convencê-lo a se filiar à Arena (Aliança Renovadora Nacional), partido de sustentação do regime militar. Múcio agradeceu o convite, mas foi claro: "Jamais faria parte de um governo que rasgou a Carta Magna da Constituição." No dia seguinte, abriu caminho para a fundação do MDB (Movimento Democrático Brasileiro) em Passo Fundo, o que lhe custou uma longa e dura perseguição política ao *O Nacional*.

Nas primeiras semanas, nenhum dos colaboradores de *O Pasquim* foi torturado ou humilhado na Vila Militar, no Realengo. Havia até um certo ambiente de camaradagem entre eles e os jovens sentinelas: os banhos de sol no pátio do quartel eram intermináveis, a comida — arroz, feijão, frango ou bife, salada e banana (bem melhor que muito pé-sujo da rua do Resende) — era sempre acompanhada de um copo de cachaça ou, dependendo do suborno aos soldados, de uma boa dose de uísque. Para passar o tempo, havia apenas duas opções de leitura: os dois volumes de *Guerra e Paz*, de Leon Tolstoi, que Flávio Rangel, não se sabe como, conseguiu esconder na mochila, e a *Revista do Clube Militar*, leitura oficial do quartel.

O clima colônia de férias angustiou Tarso. Para quem estava acostumado a viver no centro de quase todos os acontecimentos políticos do país, desde a Campanha da Legalidade, em Porto Alegre, ficar confinado numa sala com Paulo Francis ouvindo óperas de Wagner era caso de suicídio. Tarso não desconfiava que, a poucos metros de sua cela, no escritório central do quartel, duas atrizes eram interrogadas por sua causa. Fernanda Montenegro e Marisa Urban o haviam entrevistado meses antes para uma popular revista de comportamento. A fita com a gravação foi parar na mão dos militares. Treze anos depois, numa entrevista à revista *Playboy*, em novembro de 1983, Tarso revelou o teor da conversa das duas atrizes com o tal capitão do Exército:

"A Fernanda Montenegro, que é uma pessoa formidável, disse: 'Capitão, o senhor não entendeu por que o

Tarso diz aí na fita que é comunista? Porque ele é mentiroso. Ele acha que comunista come mulher. Ele queria comer todas nós, então nos disse que era comunista.'"

Uma tarde, enquanto Tarso e companhia tomavam banho de sol no pátio, chegou à Vila Militar um tenente S2, da Segunda Seção do Exército, nicho da estrutura militar voltado para as operações de inteligência, responsável pela repressão e tortura de presos políticos. Sem cerimônia, o oficial, um mulato de dois metros de altura, ordenou que todos entrassem num caminhão estacionado em frente ao pátio. José Grossi, diretor comercial de *O Pasquim*, negou-se e foi arremessado pelo próprio tenente para dentro do camburão. A mordomia havia acabado.

Os nove presos foram levados para um salão e obrigados a tirar a roupa. Ninguém foi torturado fisicamente. Era apenas um exame de rotina para que fosse constatado que eles não haviam sofrido maus tratos durante o confinamento na Vila Militar. Tarso, habituado à companhia íntima de belas mulheres, talvez preferisse o pau de arara à cena que acabara de testemunhar. Nus, de cócoras, Jaguar, Sérgio Cabral, Paulo Francis e Fortuna, quatro dos homens mais feios do Rio de Janeiro, olhavam ansiosos para o tenente esperando o fim do martírio. Tarso imaginou como um intelectual com a pose de Millôr Fernandes se sairia diante de tamanha humilhação. Mas o humorista parecia imune a tais acontecimentos.

No episódio conhecido como "Gripe do Pasquim", dezenas de personalidades, em solidariedade à turma confinada na Vila Militar, ajudaram a fazer o jornal. Fernando Sabino, Carlos Heitor Cony, Rubem Braga, Hugo Carvana, Glauber Rocha, Paulo Mendes Campos, Carlinhos Oliveira, Antonio Callado, Hugo Bidet, Otto Lara Rezende, assinaram notas e crônicas em *O Pasquim* no lugar dos "gripados", forma com que o jornal, sob censura, achou para informar os leitores sobre a situação. Na redação, o jornal era fechado por Martha Alencar, auxiliada por Bárbara Oppenheimer, Henfil e Miguel Paiva. Os textos eram escritos por Millôr Fernandes, que, durante os dois meses de prisão da patota, não saiu da sua cobertura na rua Gomes Carneiro, em Ipanema, nem pra comprar pão, como conta Martha Alencar:

"O Millôr dizia que não foi preso porque não foi preso. Mas qualquer pessoa que pegasse o catálogo telefônico da época sabia onde encontrá-lo. Ele tinha dois endereços, a casa dele e o estúdio. Eu tinha me mudado há 15 dias para um apartamento novo, que não constava do catálogo telefônico, e os caras foram na minha casa e me prenderam — eu estava grávida de meu segundo filho. O Millôr deve ter feito um tipo de articulação que eu não sei dizer qual foi. Na redação, o Miguel Paiva assumiu a paginação no lugar do Fortuna. Ficamos eu, o Miguel, a equipe gráfica, a Bárbara, que era a diretora administrativa, acompanhados de cinco paraquedistas do Exército. A gente tinha de levar as páginas prontas para a censura. Eu levava as páginas na Praça XV, tudo pronto. Eles cortavam a metade. A gente voltava, fazia tudo de novo, até a edição ser aprovada. E o Millôr, nesse processo todo, não ia à redação de jeito nenhum. Na verdade, ele fez o *Pasquim*, os textos eram todos do Millôr, ele escreveu como um louco. Ele e o Henfil. Aí se formou uma onda de solidariedade em torno da gente. Eu me lembro que, logo que voltei à redação, o Glauber estava lá, andando de um lado para o outro. O Chico (Buarque) deixou um bilhete na porta: 'Olha, passei por aqui. Se vocês precisarem estou aqui.' A imprensa internacional também noticiou. Chegou uma hora que eu e a Bárbara dissemos: 'Pô, todo mundo ajudando a gente, menos o Millôr! Por que ele não vem editar conosco?! A gente ligava e ele, irredutível: 'Não vou!'. Ele fez 80% dos textos. Isso é inegável. Mas não se expôs fisicamente. E isso pegou muito mal para ele."

Na Vila Militar, após serem devidamente examinados pelos médicos do Exército, os nove integrantes de *O Pasquim* receberam a notícia de que seriam libertados antes da virada do ano. Enquanto todos faziam planos para o *réveillon*, Tarso andava de um lado para o outro da cela, balançado uma folha de papel. Era o documento, deixado por um oficial, obrigando todos a assinarem embaixo, admitindo que não haviam recebido nenhuma ofensa física ou moral durante a prisão. Tarso não só se negou a assinar, como riscou a palavra "moral" e escreveu no final: "Qualquer prisão, qualquer arbitrariedade é algo contra a moral do ser humano, e eu fui torturado violentamente do ponto de vista moral."

Ninguém na cela mostrou-se solidário ao faniquito de Tarso. Apesar de alguns episódios desagradáveis, como a dantesca cena do exame médico e a agressão a José Grossi, poucos ali tinham do que se queixar. O Natal passado dentro da prisão havia sido animado e farto, com direito a rabanadas, doces, bolos e um imenso peru assado enviado por Manolo, do Antonio's. Alguns, como Jaguar e Ziraldo, beberam vinho com oficiais. Tarso, porém, estava irredutível. Decidiu manter o protesto até o fim. A teimosia lhe custou caro: cinco dias de solitária.

Tarso passou o ano-novo regado a pão e água, trancafiado num cubículo. Desesperado, passou a fazer greve de fome. Um soldado, com pena, decidiu ajudá-lo:

— Sobrou um pouco da ceia do ano-novo. Posso trazer para o senhor um pedaço de peru, algumas frutas, um bolo...

— Não, pelo amor de Deus, não tenha esse trabalho todo! Quero apenas que encha algumas garrafas de guaraná com um bom uísque...

O mutirão promovido por escritores, intelectuais e artistas não impediu a vertiginosa queda de popularidade de O Pasquim. Em dois meses as vendas caíram de 180 mil para 60 mil exemplares. Nem a libertação da patota foi suficiente para dar sangue novo ao tabloide. Não havia clima para uma reviravolta. A capa da edição 80, levada às bancas na segunda semana do ano, não podia ser mais emblemática: todos ali, reunidos em frente à sede, numa foto antiga tirada por Paulo Garcez. No lugar do rosto de Tarso, apenas sua silhueta. Uma brincadeira com o ex-editor-

-chefe do jornal, ainda preso na Vila Militar, mas que no fundo explicitava o desejo de parte da redação de expurgá-lo de vez da história de *O Pasquim* e abrir caminho para o novo sócio, Millôr Fernandes, como lembra Luiz Carlos Maciel:

"Ali foi uma luta pelo poder. O Tarso, embora não determinasse o que seria escrito, era o cara que dava a palavra final. Ele era mandão mesmo. Imagine, o guri do Múcio não seria mandão? Ele mandava, resolvia tudo da cabeça dele. E os outros queriam mandar também, principalmente o Millôr. O Millôr achava um absurdo o Tarso mandar mais do que ele, por isso armou uma conspiração para derrubá-lo. Foi um golpe de estado, com a adesão do Jaguar e do Francis, de quem era amigo íntimo. O Millôr tinha uma ascendência sobre todos eles, era o mais velho de todos. Ele sentiu que tinha de derrubar o Tarso. Uma das coisas que o Millôr alegou, mas que nunca foi provado, e que não acredito, é que o Tarso roubava dinheiro de *O Pasquim*. Que grande corrupção é essa que o cara sai do jornal com uma mão na frente e outra atrás? Isso foi mais uma onda para dar força ao movimento para derrubar Tarso, como realmente derrubaram."

Numa carta-depoimento, datilografada na casa do jornalista Jary Cardoso, em 1977, Tarso dá a versão sobre o seu afastamento de *O Pasquim*, segundo ele motivado pelo comportamento de Millôr durante a prisão da patota:

"Alegaram muitos motivos para nossa briga. Mas o principal da briga com Millôr foi a nossa prisão: durante todo esse tempo, depois de ter negociado de maneira baixa a sua liberdade, Millôr não apareceu uma só vez na re-

dação para não se comprometer. Quem aguentou a barra foram Martha Alencar e Bárbara, que estiveram respondendo por nós o tempo todo. Millôr se escondia de maneira vergonhosa. Quando tudo voltou ao normal, a primeira coisa que ele exigiu foi a demissão das duas. Deve ter sido uma fórmula de tentar esquecer sua covardia. Eu disse isso a ele e rompemos [...]
"O negócio de gastar dinheiro. Eles falaram muito e eu nunca falei. Nunca catei de lá nada a mais do que meus salários. Quando resolvi me afastar, eu tinha alguns vales em caixa. Jaguar e Sérgio, fazendo cara de comovidos, me propuseram que eu recebesse aquilo como compensação e, ainda por cima, disseram que eu deveria ser correspondente no exterior, com salário de mil e quinhentos dólares, coisa da qual nunca me aproveitei. Por sorte eu já estava sem confiança neles e escrevi uma carta dizendo exatamente isto."

Antes do afastamento definitivo de *O Pasquim*, Tarso participou, junto com Luiz Carlos Maciel e Danuza Leão, de férias na Bahia, de uma entrevista com Caetano Veloso, em fevereiro de 1971. Exilado em Londres, o compositor baiano havia conseguido uma autorização do governo militar para assistir à missa pelos quarenta anos de casamento de seus pais. A ordem era para que ficasse quieto, sem dar entrevistas, mas Caetano, persuadido pelo amigo Maciel, decidiu falar ao *Pasquim*. A entrevista, prejudicada pela censura prévia ao jornal, não chegou a causar grande polêmica. O que ficou para a história foi o romance relâmpago de Tarso e Danuza, vivido num cenário pouco convencional de Salvador, como contou o jornalista Sylvio Lamenha, durante entrevista para o jornal *A Tarde*, de Salvador, em janeiro de 1988:

"Certa vez, Danuza Leão, eu e o Tarso de Castro resolvemos descontrair um pouco e, numa praia deserta, decidimos tomar banho de mar nus. Para surpresa nossa, no outro dia, a *Última Hora*, do Rio, estampou: 'Tarso de Castro, Sylvio Lamenha e Danuza Leão tomam banho nus numa ilha baiana.' No mesmo dia, o Samuel Wainer, que havia vendido a *UH* a Ary de Carvalho e já estava separado da Danuza, nos telefonou indignado. Eu lhe disse que ficasse preocupado, pois, quanto a mim (*homossexual assumido*), nenhum perigo poderia haver. Já o Tarso..."

A entrada de Millôr como sócio de *O Pasquim* e a saída definitiva de Tarso provocaram alterações imediatas no estilo do jornal. O primeiro a sentir na pele a mudança foi Luiz Carlos Maciel. Além de amigo de Tarso, ele era o editor da coluna "Underground", espaço reservado às novidades sobre contracultura, tema que definitivamente não agradava à ala intelectual do tabloide. Encarregado de sanear as finanças de *O Pasquim*, Millôr optou por um método pouco ortodoxo: cortou o salário de Maciel, até que ele desistisse de colaborar para o jornal e seguisse o rumo de Tarso. Como o colunista continuou escrevendo de graça, o jeito foi demiti-lo.

A ausência de Tarso e Maciel abriu caminho para um patrulhamento ostensivo a Caetano Veloso, que passou de colaborador de *O Pasquim* a alvo predileto de Millôr, Francis, Jaguar,

Ziraldo e Henfil. Curtindo o desbunde do movimento *hippie*, como muitos de sua geração, Caetano mereceu tratamento privilegiado da nova direção de *O Pasquim*, que abominava qualquer ligação com a contracultura vigente. Até um termo foi criado para designar a turma de Caetano: "baihunos", uma mistura de baianos e hunos, comparando-os a bárbaros de algum tipo. Nem Flávio Cavalcanti faria melhor.

    De volta do exílio, Caetano aproximou-se de vez de Tarso. Tornaram-se grandes amigos. Numa noite, no Antonio's, o compositor baiano chegou a fazer uma declaração de amor ao jornalista: "Se eu tivesse mil beijos, daria mil e um em Tarso." O ex-editor de *O Pasquim* levou a homenagem ao pé da letra. Toda vez que encontrava Caetano, fazia questão de beijá-lo na boca — a intimidade crescia quando os dois se esbarravam em Porto Alegre.

    Na capital gaúcha, Tarso repetia sempre a mesma brincadeira, para chocar seus conterrâneos, machistas convictos. Pegava um táxi, junto com Caetano, e começava a rememorar, como um típico machão, suas conquistas amorosas na cidade: "Está vendo aquele cinema, Caetano? Namorei muito lá dentro. E aquela praça? Ali dei grandes amassos." Quando o motorista virava cúmplice da conversa, orgulhoso das conquistas de um autêntico machão gaúcho, Tarso olhava bem nos seus olhos e dizia, mudando o tom da voz: "Está vendo aquele parque? Trepei muito ali, com o... Henrique! Que homem era aquele, que fodão!"

Capítulo 9

Um caloteiro fiel

São 11 h 30 da manhã no Leblon. O Antonio's, o mais charmoso e popular bar-restaurante do bairro, ainda não abriu as portas. Mas Tarso já está por lá, na varanda, tomando seu nutritivo café da manhã, constituído de uma rodela de limão e uma pitada de açúcar, despejadas sem culpa num imenso copo de vodca pura. Devidamente alimentado, o jornalista abre os trabalhos. O primeiro a chegar é Glauber Rocha. Conversam sem parar, aos berros, gesticulando freneticamente. Não estão brigando.

    Horas depois, chega a turma da TV Globo: Walter Clark, Boni, Borjalo e Roniquito. A turma do cinema: Cacá Diegues, Ruy Guerra, Joaquim Pedro de Andrade. Os músicos: Tom Jobim, Chico Buarque, Toquinho, Nara Leão. O pessoal do teatro: Fernanda Montenegro, Flávio Rangel, Tônia Carrero, Odete Lara. Os intelectuais: Fernando Sabino, Rubem Braga, Carlinhos Oliveira. Misturam-se todos em meia dúzia de mesas. No meio do buchicho, da dança de cadeiras, ainda se ouvem Glauber e Tarso, roucos, conversando.

Fiel ao seu histórico de frequentador de bares, Tarso raramente pagava uma conta no Antonio's. Pendurava. E nem por isso deixava de ser querido pelo dono do estabelecimento, Manolo, espanhol boa-praça, com quem desenvolveu uma curiosa operação financeira. O jornalista entregava-lhe o cartão de crédito, dizia quanto queria receber em espécie e Manolo, depois de descontar a taxa do cartão, enchia sua mão de dinheiro. Tarso agradecia, mas não pagava a conta. Se algum garçom desavisado reclamasse, ouvia um protesto indignado do freguês: "Se me encherem muito o saco, nunca mais penduro conta no Antonio's!"

Manolo preferia não contrariar Tarso. Sabia que o seu bar perderia parte do encanto sem a presença do jornalista. Quem iria, por exemplo, brigar de igual para igual com Roniquito? O economista Ronald de Chevalier, o Roniquito, era a figura mais temida do Antonio's, sobretudo depois da quarta dose de uísque. Bêbado, tornava-se um provocador insuportável. Normalmente se valia da sólida formação cultural e econômica – fora aluno de Roberto Campos e Mário Henrique Simonsen – para humilhar os menos eruditos. Era capaz de rolar no chão com um camarada duas vezes mais forte, ao descobrir que o sujeito nunca lera um livro de Machado de Assis ou ignorava a obra de William Faulkner.

Passionais, impulsivos, brigões, Tarso e Roniquito se amavam do jeito deles, com direito a carinhosas trocas de ofensas e alguns sopapos. O economista não resistiu no dia em que viu o jornalista fazendo elogios a um vinho tinto francês no Antonio's: "Ô Tarso, você sempre bebeu pinga em Passo Fundo e agora fica aí posando de *sommelier*, com esse narigão enfiado no copo!" Enquanto Tarso preparava o soco, Roniquito dava o golpe final: "Já leu Schopenhauer? Não? Eu sabia, você é um bosta!" Quando o economista, esfacelado, havia citado todos os clássicos da literatura, e o jornalista já estava cansado de bater, Mauro Salles e Boni chegaram para apartar a briga.

Além de se gabar da vasta cultura literária, Roniquito tinha outro trunfo para humilhar eventuais desafetos de mesa de bar: o assovio. Enquanto o "inimigo" se esforçava, esbaforido, para reproduzir com a boca um "Atirei o Pau no Gato", o economista levantava as sobrancelhas, levava os lábios à frente e reproduzia com perfeição um clássico da música erudita. Num texto publicado no livro *Pai Solteiro e Outras Histórias*, Tarso relembra o estrago que Roniquito causava, valendo-se apenas do biquinho:

"[...] Engoli muitas ofensas dele durante mais de 20 anos de dia a dia. Menos uma: o assovio. Ah, meninos, quando Roniquito assoviava era algo de dar arrepio aos deuses da música. O canalha não tinha a bondade de errar um só acorde. Não nos dava a possibilidade de uma só desafinação. Um dia, por exemplo — e foram tantos, meu Deus —, estávamos no velho Veloso — hoje Garota de Ipanema — quando o maestro Antônio Carlos Jobim comentou uma passagem de Beethoven e deu um exemplo qualquer com a voz. Roniquito corrigiu-o num assovio. Entusiasmado pela plateia, acabou dando um verdadeiro concerto com seu inesquecível assoviar."

Amigos, Tarso e Roniquito eram solidários um com o outro nos momentos mais difíceis. Como no dia em que o Antonio's foi assaltado, no meio da noite, e toda a freguesia enfiada no minúsculo banheiro do bar. Enquanto a maioria tentava achar um espaço para respirar, Tarso e Roniquito guardavam fôlego para gritar com os bandidos:

— Seu ladrão, seu ladrão, rasga as penduras! Rasga as penduras!

Mas Manolo, também levado ao banheiro, tratou de desencorajá-los:

— Parem de gritar. Eu tenho cópias das penduras guardadas no meu escritório, no centro da cidade.

Manolo só decidia cobrar as penduras de Tarso quando a dívida chegava quase ao valor do bar. O jornalista, além de não pagar a conta, não admitia que alguém o fizesse enquanto ele estivesse na mesa. O empresário Zequinha Marques da Costa, lendária figura da boemia paulistana, bem que tentou, mas sempre quando ia assinar o cheque era impedido pelo anfitrião:

— Não admito que você venha ao Rio pagar a conta. Deixa que eu pago!

E pendurava. Os garçons choravam de raiva.

Quando era intimado a pagar a conta, Tarso, contrariado, passava algumas semanas sem aparecer no Antonio's. Voltava a frequentar o

Jangadeiro e o Zeppelin, os preferidos em Ipanema, ou mesmo o Popeye, um pé-sujo para onde arrastava o ator Antônio Pedro a fim de comerem juntos um lombinho de porco preparado numa frigideira imunda — segundo o jornalista, a grande responsável pelo sabor do prato. Temporariamente divorciado do Antonio's, Tarso, por sugestão de Roniquito — também rompido com o bar de Manolo pelo mesmo motivo —, escolheu o sofisticado Pujol, de Alberico Campana, como palco de lançamento de seu mais novo projeto jornalístico: o *JA, Jornal de Amenidades*, levado às bancas no dia 15 de junho de 1971.

Para surpresa de muitos, o *JA* não era uma continuação de *O Pasquim*. É bem verdade que ali estavam, à frente da edição, Martha Alencar e Luiz Carlos Maciel, e na gerência de distribuição, Bárbara Oppenheimer. Mas há meses Tarso se dizia possuído por uma nova ideia: produzir um jornal voltado para o consumidor. Uma bela sacada — ainda não havia nada do gênero no Brasil —, porém fadada ao fracasso. Nem mesmo a esquerda festiva de Ipanema se sentia à vontade lendo um jornal de amenidades, enquanto colegas eram presos e torturados pelo regime militar. Os anunciantes também se afastaram: não era lá muito vantajoso patrocinar um jornal que tinha como premissa a defesa do consumidor.

O *JA* foi bom enquanto durou. Amílcar de Castro cuidava da parte gráfica, o cenógrafo Joseph Guerreiro, o Guerreirinho, da produção fotográfica. Chacrinha escrevia na página 3, Ro-

naldo Bôscoli, na 11, e Carlinhos Oliveira onde quisesse. Leila Diniz e Hugo Carvana, dirigidos por Guerreirinho, protagonizaram a primeira fotonovela humorística do Brasil, e o time de colaboradores não tinha nada de ameno: Denner, Rogério Duarte, Antônio Guerreiro, Roniquito, Antônio Calmon, Miele e Caetano Veloso. E não havia só espaço para matérias comportamentais: no número 2 (de 22 de junho de 1971), a equipe do *JA* saiu às ruas do Rio para saber o que o povo achava do esquadrão da morte. Em pleno AI-5.
O jornal durou três meses e 11 edições. Tarso não conseguiu pagar ninguém, muito menos Alberico Campana, que havia encomendado três caixas de uísque para a festa de inauguração no Pujol. Era a segunda aventura jornalística em menos de três anos, esta muito menos glamorosa do que a vivida nos bons tempos de *O Pasquim*, como lembrou Tarso anos depois, durante entrevista com Mino Carta, numa edição do "Folhetim", em 1977:

"[...] O *JA* me custou o casamento, o apartamento, o carro, os quadros, tudo. O dia em que tudo acabou, eu me sentei no Lago das Fadas e comecei a rir e a dizer: estou frito mesmo. Detesto Olavo Bilac. Mas foi engraçado porque foi dele que me lembrei: 'Tudo morrer, que importa?'"

Sem dinheiro, separado de Bárbara Oppenheimer, e com as penduras empilhadas no Antonio's, Tarso foi chorar as mágoas ali pertinho, no Luna Bar, o favorito de Chico Buarque e Miúcha. Os irmãos, cansados da badalação de Ipanema, haviam conseguido beber em paz numa salinha reservada exclusivamente para eles no Luna, apelidada de "privê", frequentada pela família Buarque de Holanda e por Tom Jobim, Vinicius de Moraes, Toquinho e os mais íntimos. Tarso era dos mais chegados, principalmente a Chico, com quem estabelecera uma estreita amizade.

Assim como Caetano, Chico sofria com o excesso de carinho do amigo. Toda vez que se viam, Tarso lhe tascava um beijo na boca. Como os encontros passaram a ser cada vez mais frequentes, Chico exigiu que o jornalista terminasse com aquela viadagem, apesar de não haver nada de *gay* no gesto de Tarso — se pudesse, ele trocaria os mil beijos na boca de Chico por um na boca de sua irmã, Ana de Holanda. Quem sofreu com o grude dos dois foi Marieta, mulher de Chico, como conta Luiz Carlos Maciel:

"Uma vez, depois de uma briga feia com a Marieta, o Chico foi parar no apartamento do Tarso, que não perdeu tempo: chamou duas amigas para irem lá passar a noite. A Marieta ficou arrependida da briga e decidiu sair atrás do marido. Chegou no apartamento e encontrou as duas mulheres. O Chico tentou, ridiculamente, convencer Marieta de que as duas mulheres eram para o Tarso, de que ele não se contentava apenas como uma. Mas não colou..."

Mais próximo dos artistas do que da classe jornalística, Tarso abandonou temporariamente os projetos editoriais, que, em tempos de AI-5, certamente não vingariam, e foi viver como diretor e produtor de espetáculos. A primeira vítima foi a amiga Miúcha. A cantora havia acabado de voltar dos Estados Unidos e — separada de João Gilberto – queria dar novo fôlego à carreira. Tarso, com trânsito livre na boate Flag, de José Hugo Celidônio, desde os tempos de bebedeira de *O Pasquim*, combinou que, a partir daquele momento, dirigiria estrelas da MPB na badalada casa noturna.

O jornalista-diretor queria que Miúcha incluísse no repertório a polêmica "Cálice", de Chico Buarque e Gilberto Gil, cuja letra havia sido proibida pela própria Phonogram, gravadora de Chico, durante o Festival Phono 73, em São Paulo — com medo de represálias de agentes da censura, os organizadores do *show*, patrocinado pela gravadora, desligaram os microfones no momento em que Chico e Gil se preparavam para interpretar a canção. No Flag, prometeu Tarso, ninguém tocaria nos fios do microfone. Miúcha relutou, mas acabou aceitando. A temporada fez tanto sucesso que até Paulo Francis, normalmente avesso a qualquer manifestação artística de cunho popular, foi visto, bêbado, cantando as metáforas de "Cálice".

Shows dirigidos por Tarso viraram moda no Rio. No Flag, sob sua batuta, cantaram nomes como Erasmo Carlos, Dorival Caymmi e Chico Buarque. Todos com enorme sucesso, mas nada comparado à temporada dos Novos Baianos no Bruni 70. Foi de Tarso, junto com o ator Antônio Pedro e o artista plástico Ângelo de Aquino, a ideia de produzir um espetáculo do grupo na mais popular sala de cinema de Ipanema. Era a primeira vez que a sala do bairro abria as portas para um musical, mas Tarso contava com a boa vontade de sua namorada, Fernanda Bruni, proprietária do cinema.

Do zero, Tarso conseguiu montar a estrutura. Vários amigos ajudaram. Miele e Bôscoli deram dicas sobre direção. Guerreirinho deu um toque no cenário. José Bonifácio de Oliveira Sobrinho, o Boni, doou a madeira (do material de produções da TV Globo) para a construção do palco. No dia da estreia, uma noite de quinta-feira, ninguém foi. Na correria para adaptar o cinema como casa de espetáculo, os organizadores esqueceram de fazer a divulgação. Como havia menos de dois dias para a apresentação seguinte, no sábado, o empresário dos Novos Baianos achou melhor cancelar a temporada, mas Tarso não aceitou. Prometeu que no sábado a casa estaria lotada.

Com panfletos do *show* na mão, Tarso começou a peregrinação pelos bares e restaurantes do Leblon. Depois de duas horas de conversa no Antonio's, no Luna e no Degrau, partiu para Ipanema. Pendurou a conta no Jangadeiro, no Bofetada e no Corujão e foi dançar no Number One e no Pujol. Partiu para Copacabana. Avisou alguns amigos no Alcazar e de lá foi para o velho Fiorentina, no Leme. O boca a boca terminou no bar Aurora, em Botafogo. Àquela altura, metade da Zona Sul carioca já sabia que os Novos Baianos cantariam o repertório do festejado disco *Acabou Chorare* num cinema de Ipanema.

No sábado à noite, uma fila de 200 metros se formou em frente ao Bruni 70. Dois terços do público, formado por convidados de Tarso, não pagaram ingresso. Dentro do cinema não cabia mais ninguém, e a fila do lado de fora dobrara de tamanho — a turma do Leme e de Botafogo acabara de chegar. Com o tumulto, a fachada de vidro do cinema acabou quebrada pela multidão. Furiosa, Fernanda Bruni interrompeu imediatamente a temporada dos Novos Baianos e o namoro com Tarso de Castro.

O fiasco no Bruni 70, o jornalista tirou de letra. Duro foi suportar o assédio de Paulo Francis à sua ex-mulher, Bárbara Oppenheimer. De malas prontas para Nova York, onde pretendia virar correspondente internacional, Francis aproveitava as raras vindas ao Rio para tentar convencer Bárbara a morar com ele nos Estados Unidos. Saíam para jantar todas as noites e algumas vezes esbarravam com outro casal de Ipanema: Tarso e a "Pantera" Sílvia Amélia Chagas.

Com a *socialite*, o jornalista meteu-se na segunda grande confusão em menos de um mês, que também lhe custou o fim do namoro. Tudo por causa de um anel de brilhantes "penhorado", um mal-entendido que só foi esclarecido anos mais tarde, numa entrevista de Tarso à revista *Playboy*, em novembro de 1983:

"[...] Eu tinha uma namorada muito rica. Ela era ótima, muito engraçada, e a gente chamava tanta atenção que um dia fomos a um *show* da Nara Leão, numa boate, e a moça me disse: 'Escuta, Tarso, o *show* não é lá?' E apontou para o palco. 'Então, por que todo mundo está olhando para cá, pra nós?' A gente havia ido antes a uma festa, e ela estava com um anel de brilhantes. Na boate, ela pôs o anel no meu bolso: 'Já mostrei na festa e não quero ficar exposta.' No dia seguinte, ponho a mão no bolso e encontro o anel. Aí eu digo para as pessoas em volta: 'Vejam, eu roubei este anel da minha namorada. Vou depositar na Caixa e conseguir dinheiro pra passar meio ano.' Quando cheguei em casa, à noite, minha namorada estava lá e ligaram pra ela avisando que eu tinha roubado o anel. Eu disse pra ela: 'Confirma, confirma!'"

A xereta que ligara para confirmar a história a Sílvia Amélia era uma das colunistas mais bem informadas e prestigiadas do país, Hildegard Angel. No dia seguinte, o Rio inteiro já sabia que "Tarso havia passado o anel". Enquanto o jornalista contava vantagem para os amigos, o pai da moça, Carlos Chagas Filho, ex-presidente da Academia Pontifícia de Ciências do Vaticano, arrumava as malas da filha. Sílvia Amélia viajaria a Paris, onde um grande partido já a esperava: Gerard de Waldner, barão de uma antiga e tradicional família da França.

Para Tarso, restou apenas um consolo, ou melhor, dois: a amizade de Bárbara com Paulo Francis nem chegou a ficar colorida, e o ex-colega de *Pasquim* foi morar sozinho em Nova York. Também não haveria tempo para curtir a fossa nos bares de Ipanema: Cláudio Abramo acabara de convocá-lo para assumir a edição da "Ilustrada", o caderno de variedades da *Folha de S. Paulo*.

Capítulo 10

"Friete" e "Claudete"

Em 1975, enquanto o presidente Ernesto Geisel, sob forte oposição da linha dura do Exército, propunha uma abertura lenta, gradual e segura do regime militar, Octávio Frias de Oliveira tinha pressa. O dono da *Folha de S. Paulo* acabara de promover a volta de Cláudio Abramo, o mesmo que iniciara dez anos antes uma significativa reforma gráfica e editorial, ao comando da redação. A ordem era dar novo fôlego ao jornal, enfraquecido desde a promulgação do AI-5, em dezembro de 1968. Frias estava disposto, depois de um longo período de vacas magras, a adotar uma postura mais crítica à ditadura — a *Folha* fora o único jornal do país a tratar o "suicídio" do jornalista Vladimir Herzog, assassinado nos porões do DOI-Codi em outubro de 1975, como caso de polícia.

Abramo convocou os melhores. Formou um novo conselho editorial, com Luiz Alberto Bahia, Newton Rodrigues, Oswaldo Peralva e Janio de Freitas. Alberto Dines, então diretor da sucursal do Rio de Janeiro, passou a escrever a coluna "Jornal dos Jornais", introduzindo a crítica de jornalismo no país. De Nova York, Paulo Francis foi convidado a escrever sobre política internacional, dando início a uma profícua carreira como correspondente. Colaboradores de peso, como Bresser Pereira, Jorge Cunha Lima, Fernando Henrique Cardoso, Almino Affonso e Miguel Arraes passaram a escrever semanalmente. A reforma estava a caminho. Faltava apenas dar uma boa chacoalhada na "Ilustrada" — o morno e inerte caderno de variedades —, tarefa que ficaria a cargo de Tarso de Castro.

A "Ilustrada", pós-AI-5, havia se tornado o caderno favorito das donas de casa. A primeira-dama, Lucy Geisel, era uma das tietes — não perdia o resumão de novelas do fim de semana, a única novidade que a editora Helô Machado, engessada pela censura, conseguira introduzir no caderno. Se algum redator metido a besta, cansado de tanta frivolidade, decidisse substituir o resumão por uma crítica de teatro, sua cabeça era logo colocada a prêmio — não pela primeira-dama, e sim por dona Dagmar, mulher de Octávio Frias, fã incondicional das novelas da TV Globo e do galã Tarcísio Meira.

Por conhecer o temperamento centralizador e mandão do ex-editor de *O Pasquim*, Abramo não delegou poderes totais a Tarso. Recomendou apenas que ele começasse dando boas ideias a Helô Machado e que, de vez em quando, escrevesse um artigo. Com o tempo, sem atropelamentos, o promoveria a editor. A estratégia não deu muito certo: em uma semana de *Folha de S. Paulo*, Tarso já podia ser visto — e ouvido — caminhando a passos largos pelos corredores da redação, aos berros, distribuindo ordens, como recorda um dos redatores da "Ilustrada", Nelson Merlin:

> "Foi como um vendaval. Um tornado. O Tarso tomou conta de tudo, virou a 'Ilustrada' de cabeça pra baixo. O Tarso dava as pautas, dizia o que seria capa, dava os títulos, mandava na diagramação, convocava reuniões, metia a mão em tudo. A editora, atônita, pensava que era o Cláudio (Abramo) que estava mandando por meio do Tarso. Fomos levando até o dia em que o Cláudio me chamou para perguntar como é que o Tarso estava indo, e eu disse que ia muito bem, que ele tinha acertado a mão na edição da 'Ilustrada'. Ele (Abramo) quase teve um troço: 'Mas eu disse só para ele dar umas ideias!'"

De um caderno sem cheiro nem sabor, a "Ilustrada" ganhara personalidade própria, avançava sobre outras editorias, provocava polêmica, acendia debates sobre cinema, literatura, música e teatro, sempre com um tom libertário. Tarso manteve o resumão de novelas, para felicidade de dona Dagmar, mas ao lado da sinopse de *A Escalada*, estrelada por Tarcísio Meira, o leitor podia apreciar um texto de Glauber Rocha sobre filosofia e política. Algumas mudanças promovidas por Tarso perduram até hoje, como a seção "Acontece", dedicada aos grandes eventos culturais da cidade, com críticas e dicas de espetáculos. Diante de tantas inovações, não restou a Abramo, meio temeroso, promover Tarso a editor.

O diretor de redação tinha pelo jornalista o mesmo sentimento que um irmão mais velho tem pelo caçula rebelde. Queria matá-lo, esfolá-lo vivo, mas no fim acabava perdoando seus rompantes. Tarso também tirava de letra as caretices do chefe, mesmo quando Abramo se mostrava preconceituoso e retrógrado, ao tecer comentários sobre algumas matérias da "Ilustrada", como num bilhete que lhe enviou dias após o caderno dar destaque a uma peça estrelada pela travesti Rogéria:

"O registro da peça da Rogéria não está ruim. Mas por que falar em travesti, que, aliás, não diz nada? A gente não diz por exemplo: 'O diretor Flávio Rangel vai estrear dia 25 uma segunda encenação na peça 'De Repente no Último Verão', do conhecido homossexual Tennesse Williams'. Travesti aí eu sei tem uma conotação artística, mas o termo é vulgar e a qualificação abusiva. Acho que basta Rogéria e Fulano de Tal. Além disso, eu não gosto de bicha louca e tenho certo preconceito contra alardear uma condição que em 90 por cento dos casos teria sido corrigida com um bom psiquiatra, ainda nos primeiros anos de vida. O homossexualismo foi tomado, pelo Oriente, como algo novo, quando é mais velho que o liberalismo e o materialismo dialético. Não é novidade. Não deve ser escondido, mas não deve ser imposto, como qualidade ou característica digna de muita nota."

Fora alguns pequenos entreveros, a relação de Abramo e Tarso era de cumplicidade, até adoração. Se havia algum problema a resolver entre sua equipe e o comando da redação, era o editor da "Ilustrada" quem assumia as negociações. Quando soube que Abramo havia mandado demitir Paulo Moreira Leite, um dos melhores repórteres do caderno, Tarso pegou o telefone e ligou imediatamente para a sala do chefe de redação:

— Alô, Claudete! Vamos manter o Paulinho! Ele é bom repórter.

Abramo soltava alguns palavrões, aproveitava para reclamar da "Ilustrada", mas quase sempre fazia a vontade de Tarso. Não gostava muito daquela história de ser chamado de "Claudete", ainda mais na frente de outros jornalistas, mas não tinha como cobrar um tratamento formal de Tarso se o próprio Octávio Frias de Oliveira, o "Seu Frias", era chamado pelo editor da "Ilustrada" de "Friete".

Tarso, na sua invejável vocação para ficar íntimo dos patrões, estabelecera com o dono do jornal uma amizade das mais fraternas. Era o único a entrar na sala de Frias, no 9º andar, sem bater. Quando se encontravam, trocavam abraços e beijos — o colunista Mauro Santayana jura ter visto, certa vez, Tarso cumprimentar o chefe com um "selinho". A cena era assistida com certo espanto por Otavinho, filho de Frias, iniciando sua carreira na *Folha*, que não entendia como um simples editor podia instituir uma relação de intimidade em tão pouco tempo com seu pai.

Pelo menos uma vez por semana, o jornalista conseguia arrastar Frias para o seu quartel-general em São Paulo: a churrascaria Rodeio, no bairro dos Jardins. Cumprindo a tradição de fazer da mesa do bar uma extensão da redação, Tarso adotara outros botecos e restaurantes da cidade, caso do Parreirinha, do Brahma, do Happy Days, mas era no Rodeio onde se sentia mais à vontade, como se estivesse no Antonio's, no Leblon, ou no Treviso, em Porto Alegre. Ali, se espalhava, recebia os amigos, ia até a cozinha ver se a carne estava no ponto certo, dava dicas de como assar costela. Reinava soberano. Era cúmplice dos *maîtres* e garçons da casa. Reza a lenda que no dia em que Tarso, em mais uma de suas brigas com Ziraldo, acertou, em pleno Rodeio, um novo soco na cara do cartunista, o *maître* Ramón López, em vez de apartar a briga, ajudou o jornalista a bater.

Em dezembro de 1976, Frias aceitou o convite de Tarso para jantar no Rodeio. Estavam os dois radiantes com o aumento de vendas do jornal, impulsionadas pela reforma editorial tocada por Cláudio Abramo. A "Ilustrada" também ia muito bem nas mãos de Tarso, com grandes entrevistas, textos engajados, discussões acaloradas, afinadas com o novo espírito combativo da *Folha*. Frias achava que faltava apenas algo mais popular para contrapor ao "Caderno de Domingo" — dedicado a resenhas e teses literárias —, sempre acadêmico e elitista demais.

Tarso adorou a ideia. Tirou da bolsa três fitas cassetes e disse que tinha pronta a capa do número 1 do novo suplemento de domingo: uma entrevista exclusiva com Tom Jobim, feita no Antonio's, para comemorar os 50 anos de idade do compositor de "Águas de Março". Ali mesmo, no Rodeio, os dois acertaram os passos para aquele que viria a ser um dos projetos mais bem sucedidos do jornalismo na época: o "Folhetim". Frias e Tarso combinaram não contar nada para Cláudio Abramo. Doente, internado num hospital, o diretor de redação não gostaria nada de saber que um projeto havia sido aprovado na sua ausência e ainda por cima numa mesa de restaurante. Para ir preparando o espírito do chefe, Tarso pediu para Nelson Merlin contar a Abramo que o "Folhetim" sairia como um pequeno encarte aos domingos.

O "pequeno encarte" era, na verdade, um tabloide de 24 páginas e de vida própria. Quem desse uma espiada no expediente do número 1, levado às bancas no dia 23 de janeiro de 1977, logo saberia que o "Folhetim" não estava ali para brincadeira. Tarso e Nelson Merlin comandavam a edição. Fortuna, a direção de arte. José Trajano, cria do jornal *EX*, chefiava a reportagem. Paulo Francis escrevia de Nova York; João Batista Natali, de Paris. A equipe de redatores era formada por Moacir Amâncio e Marco Antônio Moraes, que não tinham muito trabalho para fechar textos de colaboradores e repórteres do calibre de Rubem Braga, Chico Buarque,

Nei Duclós e Luiz Carlos Maciel. Completavam o time uma nova geração de cartunistas e ilustradores, todos talentosos: Angeli, Luís Gê, Glauco, Laerte e Jota.

Ter o maior compositor brasileiro vivo na capa do primeiro número do "Folhetim" encheu Tarso de orgulho. Aos 50 anos, Tom Jobim chegara ao auge da sofisticação musical, gravando discos como *Matita Perê* e *Urubu*, obras-primas da mistura de harmonias do *jazz* com elementos tipicamente brasileiros. Porém, para alguns puristas, como José Ramos Tinhorão, o que Jobim fazia era um subproduto do *jazz*, uma montagem malfeita da música norte-americana. Críticas que levaram o compositor, frasista espirituoso, a dizer que "no Brasil, fazer sucesso é ofensa pessoal".

Durante a entrevista de seis páginas, Jobim pediu a Tarso que ele não alimentasse a polêmica com a imprensa brasileira. O maestro contou que já achara uma forma bem divertida de se vingar do seu principal crítico: toda noite, antes de dormir, fazia questão de dar a última mijada do dia no tinhorão (planta famosa pela beleza de suas grandes folhas) que cuidava com muito zelo no jardim de sua casa. Tarso não atendeu ao pedido de Jobim: na seção de cartas incitou os leitores a tomarem posição sobre a campanha da imprensa contra o músico, chamando Tinhorão de "delator por profissão" e acusando a revista *Veja* de promover uma campanha de ódio aos compositores brasileiros.

O tom passional e agressivo de Tarso assustou alguns leitores da *Folha*. A dona de casa Fernanda, acostumada ao tépido resumão de novelas da "Ilustrada", mandou uma mensagem ao jornal, criticando a renovação dos colaboradores promovida por Cláudio Abramo:

"Não sou de escrever para jornais, pois parece que ninguém gosta que lhe digam verdades. Mas não posso ficar impassível diante da 'renovação' dos colaboradores. Vejam o Tarso de Castro. Não existe em todo o Brasil um cara mais frustrado, egocêntrico e maníaco do que esse. Outro é o Paulo Francis, que está precisando de um psiquiatra, e que também tem dor de cotovelo com a TV Globo. O que eles estão mostrando é o seu despeito, porque não têm a cara, o charme e a personalidade do Sérgio Chapelin."

A carta, publicada no primeiro número do "Folhetim", foi respondida educadamente por Tarso, que não se identificou:

"Sua carta, Fernanda, é a mais pura expressão da verdade. Esses dois caras, tanto Francis quanto o Tarso, só pensam mesmo em ser Sérgio Chapelin. É de ficar pasmo ao vê-los horas e horas retocando a maquiagem em frente ao espelho à espera de um chamado da Globo. É uma cena de cortar o coração — e, assim, só não os demitimos ainda porque dá pena vê-los dessa maneira."

Cláudio Abramo, com alta do hospital, voltou à redação e deu um belo esporro em Tarso por causa do "Folhetim", mas a raiva passou assim que ele recebeu o relatório do departamento de vendas da *Folha*. O jornal chegara a 500 mil exemplares impressos aos domingos, o dobro dos números habituais. Pesquisas mostravam que a maioria dos leitores comprava o jornal no fim de semana apenas para ler o novo suplemento de cultura e variedades. Frias, exultante, premiou Tarso com salários extras, que o jornalista gastava à sua maneira — como não tinha contrato de trabalho, nem conta em banco, recebia o salário e os adicionais em dinheiro vivo, num grande envelope, esvaziado em poucos dias de farra no Rodeio e em hotéis de luxo.

Faltava apenas convencer Abramo a gostar do "Folhetim", independentemente do seu sucesso nas bancas. Tarso comprou uma boa carne de caça, duas garrafas de uísque, e foi bater na porta do número 35 do casarão da rua Buri, no Pacaembu. Sérgio Buarque de Holanda o recebeu de braços abertos. Beberam e conversaram durantes horas, em companhia de outro grande intelectual paulista, o professor Paulo Duarte. O papo rendeu uma das melhores entrevistas do "Folhetim" e aplausos entusiasmados do chefe de redação. Abramo tinha receio de que Tarso transformasse o caderno numa espécie de cópia de *O Pasquim* — queria algo mais sério, menos identificado com a esquerda festiva de Ipanema, a qual abominava.

Por mais que o editor disfarçasse — e Cláudio Abramo reprovasse — havia muito do traço de *O Pasquim* no suplemento dominical da *Folha*. Lá estavam as longas entrevistas, as colunas de Paulo Francis e Luiz Carlos Maciel, as charges e os cartuns desafiando a ditadura, o escracho da seção de cartas e, claro, as temidas provocações de Tarso de Castro. A maior delas, o jornalista reservaria a um velho companheiro de redação, alguém, segundo ele, que há muito tempo estava merecendo uma boa cutucada: Jaguar. Tarso não perdoara o cartunista — com quem fundara *O Pasquim*, junto com Sérgio Cabral — por ter ficado ao lado de Millôr durante a confusão que terminou no seu afastamento da direção do tabloide, em 1971.

Para piorar, nos últimos tempos Jaguar envolvera-se numa polêmica com um leal amigo de Tarso: Glauber Rocha. O cineasta, que provocara rebuliço na classe artística ao chamar o general Golbery do Couto e Silva, chefe da Casa Civil — e principal colaborador de Geisel no processo de abertura política — de "Gênio da Raça", durante uma carta enviada à revista *Visão*, queria fazer um novo elogio ao general em um artigo para *O Pasquim*, então comandado por Jaguar. O cartunista não só rejeitou o texto de Glauber como pediu a ele que "puxasse o saco dos militares no jornal *O Globo*". O diretor de *Terra em Transe* ficou uma fera. Ligou para a redação de *O Pasquim* dizendo que estava em Brasília, reunido no gabinete de Golbery, acertando os últimos passos para o fechamento do tabloide. Jaguar levou um susto, mas logo soube, por amigos, que Glauber fizera a ameaça pelo telefone do Antonio's.

Mais um troco de Glauber a Jaguar seria dado por Tarso — e bem ao seu estilo. Num fim de tarde, ao acertar os detalhes para outra edição do "Folhetim", Nelson Merlin notou em cima de sua mesa um texto em negrito, com o padrão característico dos anúncios fúnebres. Ao lado da nota de falecimento, um bilhete com uma ordem de Tarso: "Publique!" Merlin leu três vezes o obituário para ter certeza de que não tinha exagerado nas doses de vodca durante a reunião de pauta, no bar ao lado da *Folha*. Era aquilo mesmo:

"FALECEU ONTEM, NO RIO DE JANEIRO, SÉRGIO JAGUARIBE, O JAGUAR. A CAUSA DA MORTE DO CARTUNISTA DE 45 ANOS AINDA NÃO FOI REVELADA. O ENTERRO SERÁ REALIZADO AMANHÃ, ÀS 9 HORAS, NO CEMITÉRIO SÃO JOÃO BATISTA, EM BOTAFOGO."

Incrédulo, Merlin foi perguntar a Tarso o que significava aquilo:

— Tarso, o Jaguar morreu?
— Não, está vivinho da silva.
— Então por que escreveu isto?
— É um cacete naquele filho da puta...
— Mas, Tarso, você vai matar de susto a mãe do Jaguar!
— Publique, eu me responsabilizo. Estou indo para o Rio hoje à noite.

Merlin esperou Tarso viajar e rasgou o anúncio. Não achava justo usar o "Folhetim" para comprar uma briga infantil entre dois desafetos. Além do mais, Abramo e Frias ficariam possessos se o tal obituário fosse publicado. Quando voltou de viagem, no domingo de manhã, e percebeu que sua ordem não havia sido cumprida, Tarso teve um faniquito. Voltou à redação da *Folha* e conseguiu publicar um texto, desta vez em forma de coluna, na "Ilustrada":

"Convite para enterro

"Ziraldo Alves Pinto, ilustrador do Ministério da Fazenda; Jeremias, o bom funcionário do Ministério da Fazenda, Ivan Lessa, o Bom Filho, e outros agentes ainda não consternados com o atraso da necropsia, convidam para o enterro de:

"Sérgio Jaguaribe (Jaguar)

"Falecido em terrível tragédia oriunda de sua própria indignidade e atropelado pela — para ele — insuportável dignidade de Glauber Rocha. A família solicita não mandar mais sujeira."

Jaguar processou Tarso e o jornal. Frias nem tomou conhecimento da ação judicial. O dono da *Folha de S.Paulo* estava com a cabeça voltada para Brasília, à espera da próxima e decisiva ordem do general Sylvio Frota, o temido ministro do Exército do governo Geisel.

Capítulo 11

O anjo da guarda de Brizola

Com uma vassoura na mão esquerda e um rodo na direita, Tarso de Castro inicia uma *performance* de inspiração política na *Folha de S. Paulo*. Como num teatro de bonecos, simula diálogo entre Ernesto Geisel e Sylvio Frota. Alguns risos nervosos ecoam na redação. No fantoche de Tarso, o presidente da República, empenhado no processo de abertura democrática, sempre vencia o embate contra o ministro do Exército, representante da linha dura do regime militar. Em Brasília, naquele segundo semestre de 1977, a realidade era outra. A cada dia, Frota fortalecia o sonho de suceder o presidente e barrar de vez aquela bobagem de "abertura lenta, gradual e segura". Para o ministro do Exército, comunista bom era comunista morto.

    A redação da *Folha* era um caldeirão político. As dissidências começavam no topo da hierarquia. Os dois sócios-proprietários Octávio Frias de Oliveira e Carlos Caldeira Júnior falavam a mesma língua apenas nos negócios — o primeiro tinha posições liberais definidas, o segundo mantinha ligações estreitas com militares; Cláudio Abramo, o chefe de redação, era um homem de esquerda, ex-membro do Partido Socialista Brasileiro; Boris Casoy, editor do "Painel", reservado às notas políticas, um homem de direita, ex-membro do diretório acadêmico do Mackenzie, berço do conservadorismo paulista.

No baixo clero, o caldeirão fervia. Perseu Abramo, chefe da editoria de Educação e comunista dos mais sérios, condenava os extremismos dos repórteres Paulo Moreira Leite e Mário Sérgio Conti, ambos trotskistas. E Tarso de Castro? O editor de "Folhetim" cumpria muito bem a sua parte, a de agitador, inaugurando uma série de entrevistas com políticos filiados ao MDB — o caderno de domingo abrira espaço para Paulo Brossard, Pedro Simon e Paulo Pimentel, três das maiores lideranças do partido de oposição à ditadura.

Depois do trio de ferro do MDB, o professor Florestan Fernandes foi convocado por Tarso para discorrer sobre a importância da Sociologia. Em seguida, o pupilo de Florestan, Fernando Henrique Cardoso, falou à vontade sobre desigualdades sociais. Dom Paulo Evaristo Arns, que não era filiado ao MDB, mas rezava todos os dias pela volta da democracia, também deu sua entrevista ao "Folhetim", que retribuiu a gentileza do arcebispo elegendo-o, na capa do caderno, "O Padre Nosso". Para não dar muita bandeira, Tarso viajou a Brasília para entrevistar o homem que estava à direita da direita: o deputado José

Bonifácio Lafayete de Andrada, líder da Arena, o partido de sustentação do regime militar. Anacrônico, moralista e obsessivo, José Bonifácio soltou os cachorros. Disse que todos os jornalistas que cobriam o Congresso Nacional eram comunistas. Que os músicos brasileiros eram comunistas. Que os pais de santos eram comunistas. Que Geisel e Golbery, os homens da abertura, eram comunistas muito bem disfarçados. Para o deputado, o mais comunista de todos, apesar de não aparentar, era o apresentador Sílvio Santos e o seu "Baú da Felicidade". A entrevista de seis páginas, ilustrada por um desenho de José Bonifácio na capa, com as mãos levantadas e o título de "São todos comunistas" agradou à Arena — Tarso já esperava que os militares não percebessem o tom jocoso da matéria.

Preso em 1975, por oposição à ditadura, Cláudio Abramo sabia que uma nova degola estava próxima. Depois de entrevistas com dom Paulo Evaristo Arns, Fernando Henrique e Florestan Fernandes, o jornal podia até dedicar 10 páginas a Sylvio Frota que não disfarçaria a fama de oposicionista. Porém, não foi outra entrevista com um líder de MDB no "Folhetim", ou com um padre progressista, que acendeu o estopim da guerra política entre a *Folha de S. Paulo* e o regime militar. Lourenço Diaféria, cronista da "Ilustrada", não se valeu da ironia ao exaltar um sargento que morrera ao pular num poço para salvar uma criança:

"Prefiro esse sargento ao duque de Caxias. O duque de Caxias é um homem a cavalo reduzido a uma estátua. Aquela espada que o duque ergue ao ar aqui na praça Princesa Isabel, onde se reúnem os ciganos e as pombas do entardecer, oxidou-se no coração do povo. O povo está cansado de espadas e cavalos. O povo urina nos heróis de pedestal."

Era o pretexto que faltava à ditadura para empastelar o jornal de Octávio Frias de Oliveira. No mesmo dia em que a crônica foi publicada (1º de setembro de 1977), o dono da *Folha* recebeu telefonema do general Hugo Abreu, ministro-chefe do Gabinete Militar da Presidência, com quem mantinha uma relação afável, avisando-o de que, se o jornal não cessasse de vez as críticas ao regime militar, seria fechado. Sylvio Frota foi ainda mais duro. Ordenou a Armando Falcão, ministro da Justiça, que abrisse inquérito contra Diaféria e pediu a cabeça do secretário de redação. No livro *A Regra do Jogo*, Cláudio Abramo explica como foi o seu processo de fritura:

"O general Sylvio Frota, que era ministro do Exército do presidente Geisel, estava preparando o golpe. Se ele vencesse, eu seria fuzilado e Frias, preso; e, se Frota tentasse o golpe e perdesse, o herói seria eu. De modo que a situação não interessava a Frias, de um jeito ou de outro. Pode-se dizer também que, no projeto de abertura, houve um acordo tácito entre os militares e os donos de jornais. Subitamente, num prazo de dois ou três anos, fomos quase todos eliminados."

No dia 17 de setembro, Cláudio Abramo era afastado para dar lugar a Boris Casoy. Tarso não estava na redação para se despedir do chefe e amigo. Era de se estranhar que o editor do "Folhetim", louco por uma encrenca, não estivesse ali para comprar briga justo em nome do sujeito que lhe tinha aberto as portas do jornal. Mas o faro para confusões o havia levado para longe dali, mais precisamente a Montevidéu, onde Leonel Brizola se encontrava cercado pelo Exército uruguaio.

*

Exilado no país desde 1964, Brizola se tornou *persona non grata* no Uruguai, sobretudo após o golpe militar de 1973. Por um acordo entre os governos ditatoriais de Argentina, Brasil, Uruguai, Paraguai e Chile, batizado de Operação Condor, nenhum destes países deveria conceder asilo a perseguidos políticos. Sylvio Frota esfregou as mãos ao saber que Brizola tinha apenas cinco dias para deixar Montevidéu, o que, segundo ele, forçaria a volta do ex-governador ao Brasil — Frota achava que a entrada de Brizola no país, autorizada por Geisel, funcionaria como uma prova definitiva de que o presidente traíra os ideais de 1964.

Tarso estava em Porto Alegre, em companhia do escritor Josué Guimarães, diretor da sucursal da *Folha* e homem de confiança de Brizola, quando recebeu um bilhete enviado por um militante do PTB dizendo que o ex-governador gaúcho corria risco de vida no Uruguai. Tarso e Josué partiram para Montevidéu e, de lá, até a província de Durazno, a 160 quilômetros da capital, onde Brizola vivia numa fazenda com Neuza, sua mulher. A situação era desesperadora. Afastado há anos de qualquer atividade política, com a militância desmobilizada, Brizola não sabia para onde correr. Para piorar, a notícia da expulsão não havia chegado ao Brasil. Em entrevista à revista *Playboy*, em novembro de 1983, Tarso conta o sufoco que passou para convencer a imprensa brasileira a cobrir o episódio:

"Fazia parte do plano impedir que a notícia saísse no Brasil. Quando liguei para a *Folha* soube que ela não daria, pois estava sob ameaça de intervenção. Aí telefonei para o *JB*, para *O Globo*, passei a noite ligando para todos os jornais. O problema é que o governo do Uruguai negava a notícia. O *JB* me disse que a publicaria com uma condição: que ela saísse antes num outro órgão brasileiro. Liguei então para um amigo da Rádio Guaíba de Porto Alegre, pedi que ele a divulgasse, em nome de nossa amizade, pelo amor de Deus! Ele disse que daria como última notícia, às 8 da noite, sem que a direção soubesse. Eu liguei pros jornais para que sintonizassem a rádio. Eles ouviram e assim a notícia explodiu nos jornais do Brasil no dia seguinte."

Tarso havia improvisado uma pequena sala de imprensa em seu quarto no Hotel América, em Montevidéu, onde Brizola também se hospedara. Os jornalistas foram chegando: Danilo Ucha (Grupo OESP), Eunice Jacques (*Jornal do Brasil*), Pedro Maciel e o fotógrafo Assis Hoffmann

(*Veja*) e João Borges de Souza (Grupo Caldas Júnior). Com a imprensa brasileira mobilizada — o que garantiu uma certa proteção a Brizola —, o próximo passo seria achar um país que aceitasse recebê-lo como exilado político. Militantes do PTB queriam levá-lo para Cuba, ideia prontamente descartada por Tarso e Josué — os dois argumentaram que no país de Fidel Castro o ex--governador seria isolado politicamente.

Faltava pouco menos de dois dias para se esgotar o prazo de permanência no Uruguai e ninguém havia ainda resolvido que destino dar ao líder trabalhista. Na noite do dia 18 de setembro, Tarso entrou esbaforido no quarto de Brizola e Neuza:

— Governador, como não pensamos nisso antes! Vamos pedir asilo político aos Estados Unidos!

— Está louco, Tarso! Eu, um político de esquerda, amigo de Fidel, protegido pelos americanos?

— Por que não? E a política de direitos humanos do Carter? Vamos testar a democracia deles.

A ideia, aparentemente sem pé nem cabeça, fazia sentido. Eleito no lugar do republicano Gerald Ford, o democrata Jimmy Carter ganhou projeção ao virar uma espécie de porta-voz mundial da defesa dos direitos humanos. Havia um cheiro de hipocrisia no ar. Os Estados Unidos continuavam apoiando golpes militares na

América Latina, mas sem dar muita bandeira, tudo para manter intacta a fama de democratas. Conceder asilo a um líder da esquerda brasileira como Brizola, argumentou Tarso, seria uma forma de os americanos darem legitimidade à tal política de direitos humanos.

Tarso e Josué juntaram todos os documentos e foram até a embaixada americana em Montevidéu. Em menos de 24 horas, no último dia de prazo para Brizola deixar a capital uruguaia, veio a resposta: o asilo seria concedido. Quando todos comemoravam no Hotel América, policiais uruguaios estragaram a festa: o ex--governador estava livre para deixar o país, mas sozinho, sem a companhia de sua mulher. Dona Neuza, advertiam os policiais, não possuía visto de exilada e, portanto, não poderia deixar o país. Brizola bateu o pé:

— Sem minha companheira, eu não vou!

Brizola, Tarso e Josué conseguiram negociar com os diplomatas americanos. Um visto de entrada nos Estados Unidos seria providenciado de última hora para dona Neuza. Faltava apenas a foto do passaporte. Tarso pediu a Assis Hoffmann, da revista *Veja* (o mesmo que fotografara Bárbara Oppenheimer dez anos antes, para o caderno de variedades da *Zero Hora*), para caprichar no *close* da senhora Brizola. Antes de embarcar a Nova York, o casal foi informado de que teria de fazer um escala de 24 horas em Buenos Aires. Era o tempo necessário, explicaram as autoridades, para limpar o nome de Brizola da relação de pessoas impedidas de entrar em território americano.

O clima era de terror em Buenos Aires. Comandado pelo general Jorge Rafael Videla, o golpe militar de março de 1976 havia deposto e preso Isabelita Perón e levado milhares de oposicionistas aos porões de tortura. Ao ser informado de que ele e Neuza ficariam hospedados no Hotel Liberty, na Avenida Corrientes, no centro da cidade, Brizola assustou-se: um ano antes, naquele mesmo hotel, num plano arquitetado pela Operação Condor, o deputado Hector Gutiérrez Ruiz e o senador Zelmar Michelini, perseguidos políticos do governo uruguaio, foram sequestrados e assassinados pelos homens de Videla.

A guarda pessoal de Brizola em Buenos Aires resumia-se a dois jornalistas: Tarso e Eunice Jacques, do *Jornal do Brasil*. No fim, deu tudo certo. Na tarde do dia 21 de setembro, Brizola e Neuza embarcaram, em voo da Aerolineas Argentinas, para uma nova fase do exílio, em Nova York.

Brizola escapou da degola, Tarso não. O jornalista voltou a São Paulo desempregado. O *Jornal da Tarde* publicara na seção política uma grande foto sua ao lado do ex-governador gaúcho, no Uruguai. Octávio Frias, pressionado pelos militares, não tinha mais como manter o querido companheiro de mesa no Rodeio no cargo – Boris Casoy, o novo chefe de redação, assumiria também o suplemento cultural de domingo. O "Folhetim" nunca mais foi o mesmo, como lembra Nelson Merlin:

"Eram tempos difíceis. Eu fiquei um ano e meio no caderno até ser demitido pelo Boris Casoy porque publiquei uma tira que ele já tinha visto e aprovado. O Boris fazia a censura prévia do 'Folhetim'. Lia e via tudo antes de publicar. A tira, desenhada pelo cartunista Glauco, era sobre uma greve no ABC paulista. Depois de ver aquilo impresso, o Boris teve um chilique e me despediu."

Frias ainda tentou convencer Tarso a ser correspondente da *Folha* em Roma. O ex-editor rejeitou o pedido e entrou com processo na Justiça contra o jornal. Como não tinha contrato de trabalho, ganhou uma bela grana de indenização, dois anos depois, em 1979. Tarso já sabia como gastar a bolada: estava de malas prontas para Nova York, onde entrevistaria Brizola para o primeiro número de seu mais novo tabloide, o *Enfim*.

*

Levado às bancas no dia 12 de setembro de 1979, o *Enfim* tinha todos os ingredientes de um jornal editado por Tarso de Castro. A começar pelo invejável elenco de colunistas, recrutado na base da camaradagem nas mesas de bares do Rio e São Paulo: Chico Buarque, Glauber Rocha, Antônio Pedro, João Ubaldo Ribeiro, Carlinhos Oliveira, Plínio Marcos, Luiz Carlos Maciel e Fortuna. Todos ali, de peito aberto, dispostos a alimentar as provocações do editor. A grande novidade do jornal ficou com as palavras cruzadas inventadas por Chico, que já vinham resolvidas pra não dar trabalho a ninguém. *Horizontais.* 1) *Perdão a quem não pediu: Anistia.* 2) *Governo em que o povo exerce a soberania: Democracia.* Uma provocação ao regime militar, ao estilo do autor de "Apesar de Você". Era aquilo mesmo que Tarso queria, como ele deixara bem claro no editorial:

"Este *Enfim* não é de esquerda, não é de direita, muito menos de 'extremo centro'. É apenas um jornal, coisa a qual os brasileiros estão desabituados. Não é raro, falando nisso, se ver jornalistas com saudades dos tempos da censura oficial. Hoje, as direções dos jornais se encarregam de uma censura muito mais violenta, quer dizer: já que o inimigo, anteriormente comum — a censura oficial —, se acabou, não há mais por que manter a aliança com esse grupo de canalhas, que eles, carinhosamente, classificam de 'jornalistas' (...) Enfim (sem trocadilho), a ditadura não é exclusividade do governo. Ela pode estar em cada linha dos jornais que são os donos da verdade."

Mas nada mereceu tantos comentários quanto a entrevista de 10 páginas que Tarso fez com Leonel Brizola em Nova York. No Antonio's, no Leblon, não se falava de outra coisa. Não que a esquerda festiva estivesse tão ansiosa com a chegada ao Brasil do líder trabalhista, beneficiado pela Lei da Anistia, aprovada em agosto de 1979. O que todos queriam saber era o que Tarso tinha aprontado desta vez para conseguir convencer ninguém menos que uma estrela do cinema americano a tirar as fotos da matéria.

Capítulo 12

A musa e o guerrilheiro

Naquela tarde em Salvador, enquanto aproveitava a brisa da praia da Pituba na varanda de seu quarto e sala, João Ubaldo Ribeiro, recém-separado, sonhava com a vida airada que pretendia levar dali em diante. O telefone toca. É Tarso de Castro. Os dois haviam se conhecido no verão de 1971, quando o jornalista, ainda no *Pasquim*, veio à Bahia junto com Luiz Carlos Maciel e Danuza Leão entrevistar Caetano Veloso e ficaram hospedados numa casinha na Pituba, ao lado da de João Ubaldo. Apresentados por Maciel, tornaram-se amigos viscerais. O escritor, apesar de feliz com o telefonema de Tarso, sentiu cheiro de encrenca:

— O que manda, Tarso?
— Tô aqui, vem cá me ver!
— Onde você está?
— No Hotel Meridien, no Rio Vermelho.
— Porra, então vem você pra cá, é perto.
— Não, eu não posso. Estou aqui com a (falando baixinho)... Candice Bergen.

— Com quem? Não ouvi.
— Estou com a (sussurrando)... Candice Bergen.
— Tarso, vou abaixar o som e você me diz com quem você está.
— Vai logo.
— Pronto. Diga.
— Estou aqui com a Can-di-ce Ber-gen.
— Ah, você está no hotel com a Candice Bergen. Por que não me disse antes? Estou aqui com a Sophia Loren. Que tal uma surubinha?
— Porra!!! (aos berros). Estou falando sério. Vem pra cá!!!

 Candice Bergen era uma das atrizes mais bonitas e badaladas do cinema americano. Conquistara fama ao contracenar com Anthony Quinn em *O Mago* (1968), dirigido por Guy Green. Nos anos 70, brilhara ao fazer par romântico com Gene Hackman em *O Risco de uma Decisão* (1975), e com Giancarlo Giannini, em *Dois na Cama Numa Noite de Chuva* (1978). Em 1979, depois de levar à loucura o ator Burt Reynolds na comédia romântica *Encontros e Desencontros*, acabou indicada ao Oscar de Melhor Atriz Coadjuvante.
 Era mesmo difícil acreditar que uma atriz daquele gabarito houvesse largado o *glamour* de Hollywood para passar as férias na Bahia, na companhia de um jornalista pobretão. Se pelo menos fosse ao lado de Antônio Carlos Jobim, famoso nos Estados Unidos, que havia compos-

to uma canção em sua homenagem ("Bonita"), depois de um *affair* entre os dois durante um voo de Nova York para Los Angeles, em 1964. João Ubaldo decidiu não contrariar Tarso. De certo, pensou, o amigo estava preparando alguma sacanagem:

"Eu resolvi ir, com a certeza de que o Tarso estava aprontando alguma escrotidão. Mas eu adorava ele, peguei o meu fusca e fui até o Meridien. Quando cheguei lá, a Candice estava sentada, com as pernas esticadas, despojada, sem maquiagem, mas bonita como sempre foi, um mulherão enorme. Me lembro que ela tinha um pezão imenso, porque foi a primeira coisa que eu vi: ela relaxada, com o pé em cima de uma cadeira e o Tarso atrás, radiante, andando de um lado para o outro, com os braços abertos, em transe absoluto."

Tarso não deixara de pensar em Candice Bergen desde o primeiro dia em que a vira subindo as escadas da boate Hippopotamus, de Ricardo Amaral, acompanhada de Samuel Wainer. Convidada pela empresária e *promoter* Regine Choukroun para assistir ao Carnaval carioca de 1978, a atriz americana escolhera Samuel como seu anfitrião — os dois haviam se conhecido em Paris, durante o exílio do jornalista. Solícito, mulherengo confesso, o ex-proprietário da *Última Hora* não desgrudou de Candice. Porém, seu erro maior foi levá-la para jantar no território de Tarso de Castro.

Há várias versões sobre a noite em que Tarso conquistou Candice na varanda do Antonio's.

Alguns juram ter visto o jornalista entrar correndo no restaurante, ajoelhar-se aos pés da atriz e beijá-la da cabeça aos pés sem a menor cerimônia. Outros dizem que a abordagem foi um pouco mais sutil: com um buquê na mão esquerda e um urso de pelúcia na direita (doado em cima da hora pela mãe da *promoter* Ana Maria Tornaghi) o jornalista disse meia dúzia de palavras em inglês e conquistou a moça.

Uma terceira versão é sustentada por amigos mais próximos a Tarso. Candice interessou-se por ele no Antonio's, mas só se apaixonou de verdade depois que viu o seu retrato ao lado de Che Guevara, tirado durante a cobertura da Conferência Econômica e Social da OEA, em Punta Del Este, em 1961. Rápido no gatilho, o jornalista teria dito à atriz que lutara ao lado de Guevara e Fidel Castro durante a Revolução Cubana — contou (provavelmente fazendo gestos) os apuros que ele e os dois líderes comunistas passaram juntos nas montanhas de Sierra Maestra, semanas antes de entrarem triunfantes para tomar Havana do ditador Fulgêncio Batista. Candice teria ouvido a história com lágrimas nos olhos e se apaixonado perdidamente.

Do Hotel Meridien, no Rio Vermelho, Tarso, Candice e João Ubaldo partiram para a praia do Porto da Barra, ali pertinho, onde Caetano e Dedé Veloso, sua mulher, os esperavam para apreciar juntos o pôr do sol, um dos mais bonitos da cidade, com vista para a Ilha de Itaparica. João Ubaldo, que fizera mestrado em Ciência Política na Universidade da Carolina do Sul, nos Estados Unidos, e Caetano, exilado durante anos em Londres, faziam as vezes de intérpretes para o casal apaixonado, que não gastava muito tempo conversando. Tarso mordia freneticamente as orelhas de Candice e repetia sempre o mesmo elogio, em italiano, a única língua latina entendida pela atriz: "*Tesoro! Te voglio bene! Tesoro!*"

Depois de tomar generosas doses de caipirinha e batidas de caju, os quatro anfitriões, como bons baianos (àquela altura, Tarso já se considerava da "terrinha"), deitaram-se na areia e passaram a contemplar a beleza da Baía de Todos-os-Santos. Candice, que durante a juventude em Beverly Hills ganhara todos os torneios de natação da cidade, aproveitou o mar tranquilo do Porto da Barra e foi nadar. O que era para ser um fim de tarde tranquilo quase se transformou em pesadelo, como lembra João Ubaldo:

"A Baía de Todos-os-Santos é muito traiçoeira e tem uma correnteza grande ali atrás, justamente no Porto da Barra. Quando a gente notou, a Candice estava nadando, de costas, em alta velocidade, em direção à Ilha de Itaparica. Era uma máquina de nadar. Aí, eu, Caetano e Tarso, completamente bêbados, entramos num pequeno barquinho para salvá-la. Quem tinha mais intimidade com o barco era eu, pois sou de Itaparica, mas, assim mesmo, entendia muito pouco. Remamos como loucos e, depois de horas, começamos a alcançar a Candice, que estava tranquila, boiando, de olhos fechados. O Tarso quis afogá-la, mas não deixamos."

Descobertos pelos colunistas sociais de Salvador, Tarso e Candice deixaram de ir à praia e passaram o resto da "lua de mel" trancados no Meridien. Jantaram lagosta e camarão todos os dias, acabaram com o estoque de vinho, uísque e champagne do hotel. No dia de encerrarem a conta, Candice chamou João Ubaldo, que estava lá para levá-los ao aeroporto, e fez um pedido ao escritor:

— Ubaldo, eu sei que o Tarso gosta muito de você e tenho certeza de que ele vai te ouvir.
— Me diga, Candice, o que houve?
— Eu sei que o Tarso é duro. E sei também que ele não vai me deixar pagar a conta do hotel. É muito orgulhoso. Quero que você o convença de que isso tudo é bobagem, que eu sou rica e pago tudo sem problema nenhum. Faz isso por mim?

Ubaldo foi falar com Tarso, já caminhando em direção ao guichê do hotel.

— Tarso, a moça faz questão de pagar a conta...
— Nada disso. Eu pago essa merda!!!

A conta era um absurdo, algo equivalente a um mês de bebedeira no Antonio's. Tarso não perdeu a pose. Puxou a carteira do bolso e, quando estava preparando para assinar mais um cheque sem fundo para a sua coleção, foi interrompido pelo gerente do hotel:

— Senhor. Em nome do Hotel Meridien, queria agradecer a presença do senhor e da senhorita Candice Bergen. Ficamos gratos pela preferência. As despesas são por nossa conta.

Tarso, para desespero de João Ubaldo, ainda fez charme:

— Não senhor. Eu faço questão de pagar tudo. Fomos muito bem tratados aqui.

— Meu senhor, aceite a nossa gentileza em nome da boa hospitalidade baiana.

— Se o senhor faz questão...

Tarso e Candice passaram mais algumas semanas viajando juntos pelo Brasil. Foram à casa de veraneio do empresário José Kalil, em Paraty, acompanhados de Paulinho Garcez, Márcio Roberto, Miguelzinho Faria, Júlio Rego, todos amigos de mesa de bar do jornalista. Passearam pelas praias de Paraty no barco de Américo Marques da Costa e, assim como havia ocorrido em Salvador, Candice decidiu dar algumas braçadas e desapareceu mar adentro. Tarso, resignado, não deixou ninguém procurar por ela: "Deixa pra lá, uma hora ela volta. Vamos beber."

A atriz, completamente apaixonada, bancou todas as viagens de Tarso a Nova York. O jornalista, porém, se queixara aos amigos que, por mais que tentasse, não conseguia dedicar-se apenas a uma grande paixão. Não queria magoá--la, mas não via a hora de voltar à vida de solteiro no Antonio's, livre para morder as orelhas alheias. O publicitário Mauro Salles lembra do dia em que encontrou Candice Bergen no aeroporto de Nova York, pendurada no orelhão, tentando ligar para a casa de Tarso, no Rio:

"A gente tinha se conhecido no Rio, chegamos a jantar várias vezes juntos — ela me chamava de Salles. Conversamos, e ela me disse que estava indo ao Rio, queria fazer uma surpresa para o Tarso. Eu disse: 'Não sei não, é melhor avisar.' Ela riu e concordou. Não conseguimos achar o Tarso em casa, e eu decidi ligar para o Antonio´s. Liguei, a cobrar, ele não estava lá. Pedi a turma que o localizasse, que eu iria ligar em meia hora de novo. Liguei, e o Tarso atendeu. Expliquei que a Candice chegaria ao Rio na manhã seguinte e queria vê-lo. Ele esnobou: 'É possível que ela não me ache.' Eu não acreditei: 'Mas, Tarso, a mulher resolveu tirar a folga toda dela, antes das filmagens, só pra te ver!' E o Tarso: 'Mauro, não te mete nisso.' A Candice tinha a chave do apartamento do Tarso. Quando chegou lá, de manhã, ele não estava. Só voltou no fim da tarde. Aquela mulher, estrela de Hollywood, sentada na sala de um apartamento caindo aos pedaços, todo desarrumado, e ela, aflita, esperando Tarso de Castro chegar. Não dava para acreditar."

Candice cansou de ser esnobada e casou anos depois com cineasta francês Louis Malle, baixinho, porém atencioso. Tom Jobim tentou consolar Tarso: "Não fique assim, meu caro, dos Malles, o menor!" Tarso, dizem os amigos, arrependeu-se profundamente de ter feito pouco caso de uma mulher alegre e deslumbrante como Candice. Ela também não esqueceu tão cedo o brasileiro. Na sua autobiografia, lançada nos anos 1990, a atriz confessou que Tarso havia sido o grande amor de sua vida. Que nunca esquecera aquele homem, que antes de seguir carreira como jornalista, havia ajudado Che Guevara e Fidel Castro a fazer a revolução socialista em Cuba...

Em 1981, depois do fracasso do *Enfim*, que durara apenas 15 números, Tarso voltou a morar em São Paulo, desta vez convidado por Domingos Alzugaray, dono da Editora Três, para assumir a reedição da revista *Careta* (1908-1960) — semanário carioca de muito sucesso, em que escreveram nomes como Olavo Bilac e Lima Barreto. Alzugaray queria manter o espírito sarcástico da publicação original, mas com uma linha editorial mais engajada, algo parecido com o que a revista portenha *Humor* vinha fazendo desde 1978, com críticas ferrenhas à ditadura na Argentina. Se Tarso conseguira tirar sarro dos militares em pleno AI-5, em 1969, era de se imaginar o que ele podia aprontar para cima do governo João Baptista Figueiredo, comprometido com a abertura política iniciada por seu antecessor, Ernesto Geisel.

Os amigos de sempre foram chamados. Do Rio, os assistentes editoriais Luiz Carlos Maciel e Martha Alencar. De Portugal, João Ubaldo Ribeiro e Glauber Rocha. Para assumir a redação em São Paulo, um grande gozador: Mario Prata. Angeli, repatriado do "Folhetim", foi convocado para formar o time de cartunistas ao lado dos irmãos Paulo e Chico Caruso. Na direção de arte, Fortuna.

Logo no primeiro número, publicado no dia 6 de junho de 1981, Tarso botou pra quebrar. Na capa, Paulo César Pereio, semicoberto por um vestido de prata brilhante, aparecia fazendo a tradicional pose de cafajeste. No pôster, no meio da revista, o editor brindava os leitores com uma foto vertical de Pereio sentado de costas, completamente nu, no balcão de um bar, com os pelos da bunda à mostra.

Mas a grande atração da nova *Careta* era a fotonovela editada por Tarso e Mario Prata. O escolhido para inaugurar a seção não podia ser outro: o governador biônico de São Paulo, Paulo Salim Maluf. Na historinha, reproduzida como se fosse um diário escrito pelo próprio governador, Maluf aparecia abraçado com o desafeto José Sarney: "Hoje eu conheci o Sarney, uau! Aquele pedação de mau caminho não tem nada de acadêmico." No quadro seguinte, o abraço era em Delfim Netto: "Aiii... quando o Delfim me toca... sei lá, querido Diário..." A fotonovela terminava com uma foto de Maluf colocando a mão no ombro do presidente Figueiredo: "Palavra, querido Diário, mais um empurrão e eu derrubo ele: UAU!"

As reuniões de pauta da *Careta* eram feitas num pé-sujo na Lapa, escolhido por Tarso, ao lado da Editora Três, em que compareciam Mario Prata, Fortuna, Paulo Caruso e, eventualmente, João Ubaldo Ribeiro. Tarso juntava todas as revistas semanais do país em cima da mesa, pedia um copo de vodca com limão e abria os trabalhos. Quando chegava na quarta dose, que coincidia com o levantamento de todas as pautas da equipe, Tarso, excitadíssimo, abria a braguilha, tirava o membro pra fora e passava, literalmente, a bater o pau na mesa, para espanto do dono do bar. Paulo Caruso e Mario Prata juram ter visto a *performance* se repetir mais de uma vez durante as reuniões.

A *Careta* de Tarso não vingou. Durou apenas seis meses, de junho a novembro de 1981. Para o jornalista, a publicação acabou fechada por motivos políticos e não editoriais, bola que ele levantaria discretamente em seu livro *Pai Solteiro e Outras Histórias*: "(...) Eu me encontrava editando a revista *Careta*, que a influência de um rapaz chamado Paulo Maluf se encarregaria de fechar pouco tempo depois." Não se sabe até hoje se o governador paulista, indignado com a tal fotonovela, teria mesmo pedido a cabeça de Tarso, mas Mario Prata sustenta outra versão:

"Eu acho que o Tarso se afundou na bebida depois das tentativas frustradas de fazer um novo *Pasquim*. A *Careta* foi uma delas. A gente brigava o tempo inteiro por causa disso. Ele queria descobrir uma nova Leila Diniz, queria peitar os militares. O Brasil era outro — a nossa Leila Diniz era a Lucélia Santos, e os militares já não eram os mesmos, depois da anistia."

Apesar do curto tempo de duração, a *Careta* levou às bancas matérias históricas, como a entrevista de 16 páginas, feita por Tarso e Mario Prata, com o então líder sindical Luiz Inácio Lula da Silva. Mas nenhuma edição chamou tanta atenção como a matéria da morte de Glauber Rocha, no dia 22 de agosto de 1981. O cineasta baiano agonizava em hospitais de Portugal desde 30 de junho, quando, se queixando de dores no peito, deu entrada no serviço de emergência de um posto de saúde em Sintra. De um hospital em Lisboa, para onde havia sido transferido em estado crítico, Glauber, colaborador da *Careta*, enviara para Tarso, pelo correio, um texto mórbido, cheio de referências macabras, um prenúncio de que sua morte estava próxima: "AÍ VAI, CARO TARZO, UMA REPORTAGEM NOVA SOBRE MINHA PNEUMONIA, TUBERKULOZE E KANZER."

Levado ao Rio no dia 21 de agosto, Glauber, confirmando sua profecia, morre no dia seguinte, aos 42 anos, em circunstâncias até hoje não esclarecidas. Para Tarso, não havia dúvida: Glauber tinha sido assassinado, tese que ele sustentaria na capa da *Careta*, publicada dia 28 de agosto. Ao lado do "Manifesto do Catarro", o último sopro de vida do cineasta, Tarso dava seu testemunho, logo abaixo da reprodução do atestado de óbito:

> "É muito estranho escrever sobre a morte de Glauber Rocha. É muito estranho escrever sobre a morte de um amigo. Portanto, é difícil começar este artigo. Difícil e fácil, porque, na verdade, nada está morto em Glauber — o que está morto é um pedaço do Brasil; morto Glauber, assassinado, morreu de todos nós um pouco. Que se fodam os respeitáveis, os do poder: ele foi tão grande que

nenhum deles poderia engraxar-lhe os sapatos (...) Pobre de um país que já se chamou Brasil e que não conseguiu absorver seu melhor filho (...) Acima está o certificado de óbito. Falta a verdadeira *causa mortis*. Se chama Brasil."

Tarso e João Ubaldo foram chorar a morte do querido amigo no Rodeio. Os dois, desconsolados, passaram a noite aos prantos, abraçados, completamente de pileque, como lembra o escritor:

"Eu e o Tarso ali, grudados, lamentando a morte do Glauber. Em certo momento, percebemos que um casal não tirava os olhos da gente. Naquela época, como o Rodeio estava na moda, havia sempre pessoas que apareciam por lá só para ver os famosos — era um programa de fim de semana para muita gente. Eu comecei a chorar, choro de bebum mesmo: 'Não me conformo, é foda, o Glauber se foi...' O Tarso não chorou, mas fez uma cara compungida e me deu dois beijos no rosto: 'Calma, Ubaldo, você supera isso.' E o casal olhando a gente, com os olhos arregalados. Em suma: eles acharam que a gente era um casal de bichas, que estava terminando um namoro. Quando fomos embora, cheguei a ouvir a mulher dizer ao marido: 'Bem, a mulherzinha é a de bigode.'"

Capítulo 13

75 kg de músculos e fúria

A coluna mais lida da *Folha de S. Paulo* e do país não tinha hora pra fechar. E de nada adiantavam os esperneios de Caio Túlio Costa, editor da "Ilustrada", e de Boris Casoy, editor-chefe. Tarso de Castro, fiel aos seus hábitos, não voltava à redação da Barão de Limeira enquanto não terminasse a última refeição da tarde, constituída dos mesmos ingredientes do café da manhã: uma rodela de limão, uma pitada de açúcar e um copo cheio de vodca. Se o atraso persistisse, também era perda de tempo subir ao nono andar para se queixar a Octávio Frias de Oliveira. Para o dono da *Folha*, as virtudes do colunista superavam de longe seus defeitos e era por isso que ele bancara a volta do Tarso ao jornal, em 1982.

A "Ilustrada", que o mesmo Tarso ajudara a reestruturar seis anos antes, em 1976, estava nas mãos de uma nova geração de jornalistas. Caio Túlio Costa, Matinas Suzuki Jr., Leão Serva, Marcos Augusto Gonçalves ainda eram adolescentes quando Tarso editou o primeiro número de *O Pasquim*, em 1969. Conheciam histórias do jornalista passional, brigão e sedutor, que se valia do charme para seduzir não apenas mulheres, mas chefes como Samuel Wainer, Cláudio Abramo e Octávio Frias.

Leão Serva, levado à *Folha* por Matinas Suzuki, em maio de 1983, lembra do dia em que esbarrou na redação com "um dos seus heróis do jornalismo". No primeiro momento não o reconheceu. Com o rosto inchado, a barriga protuberante, Tarso era apenas uma sombra do galã dos tempos de *Pasquim*. Porém, continuava "insuportavelmente fascinante". Dividindo uma mesa grande com outros colunistas (depois conseguiu convencer Frias a arrumar uma sala só para ele, no fundo da redação), repetia sempre a mesma frase antes de começar a escrever: "Neste momento, 75 kg de músculos e fúria se reúnem para fazer mais uma coluna."

Tarso se sentava, batia as cinco primeiras linhas de texto e parava. Todos já sabiam que alguém seria convocado para acompanhá-lo até o boteco ao lado do prédio da redação: "Vamos, hora de tomar água", anunciava. A partir dali, começava o martírio de editores e redatores. Oficialmente, a edição da "Ilustrada" tinha de ficar pronta às 19 h, mas como o caderno só era impresso às 22 h, juntamente com a primeira parte do jornal, sempre havia tempo para fazer os últimos reparos. Tarso sabia disso e aproveitava para beber sua "água" à vontade. Quando faltava uma hora para o fechamento de toda a edição, Caio Túlio Costa, com os nervos em frangalhos, mandava um *boy* até o boteco. Não adiantava. O colunista fazia charme: "Só volto se a Lilian vier me buscar".

Lilian Pacce, engatinhando na profissão, conhecera o colunista entrevistando-o para a revista *Gallery Around*, comandada por Joyce Pascowitch. Ficaram amigos, e Tarso a chamou para ser sua secretária editorial na coluna da "Ilustrada". Foi um batismo de fogo para a jornalista de 21 anos. A cada dia, uma aventura. E Tarso, sempre convencido por Lilian (jamais pelo *boy*) a voltar à redação e concluir a coluna em poucos minutos, nunca se desesperou. Sentava-se, repetia o brado habitual, e num ritmo alucinante terminava o texto, para alívio dos editores e tormento de seus desafetos.

O alvo da vez era o ex-presidente Jânio Quadros, candidato ao governo de São Paulo em 1982. Não havia dia em que o colunista deixasse de cutucá-lo. No dia 2 de abril, Jânio ligou pessoalmente para Octávio Frias. Exigia retratação imediata por parte do jornal pelo artigo "O diálogo de Jânio com João", em que Tarso descrevia uma entrevista imaginária na qual o candidato era apresentado como alcoólatra e pedia repetitivas vezes uísque ao presidente João Figueiredo. Tarso "desculpou-se" na coluna seguinte, dizendo que a atitude de Jânio era cretina e não se importava com uma condenação a mais ou a menos. Processado, acabou inocentado meses depois, após manobra arquitetada por ele e pelo advogado Márcio Thomaz Bastos.

Tarso e Bastos usaram uma afirmação de Paulo Maluf, outro político alvejado diariamente pelo colunista, para construir a tese de defesa. Em entrevista a uma rádio, ao ser perguntado sobre a misteriosa renúncia de Jânio, em 1961, Maluf declarou: "As forças ocultas nacionais que ele alega se chamam 'Três Fazendas' e '51' e as internacionais 'Black Label' e 'Buchanan's." Usando a frase do político paulista como referência, Bastos concluiu: "O ex-presidente é uma figura pública, com certas características de imagem que podem não ter nada a ver com sua conduta, mas que estão definitivamente gravadas no pensamento popular." O juiz aceitou o argumento e absolveu Tarso.

Um esquema passou a ser montado para evitar que Tarso acumulasse processos. Sua coluna passava primeiro pelas mãos de Caio Túlio, depois por Boris Casoy e, enfim, era encaminhada ao nono andar para a apreciação de Octávio Frias. Nem Caio Túlio, muito menos Boris, com quem Tarso mantinha uma relação tensa e conturbada (rezava todos os dias pela volta de Cláudio Abramo), tinham autorização para cortá-la. Cabia aos dois apenas apontar supostos arroubos cometidos pelo colunista. Mas Frias não mexia em nada no artigo, que chegava às suas mãos quase sempre todo sublinhado por Boris. Se mexesse, Tarso dava um jeitinho. "Vou falar com o meu 'pai'", dizia, sem a menor cerimônia. Subia ao nono andar e em poucos minutos convencia o *publisher* da *Folha* a publicar o texto na íntegra.

Houve poucos problemas entre o colunista e a direção do jornal nos anos de 1983 e 1984. Estavam todos no mesmo barco. O deputado Dante de Oliveira (PMDB/MT) apresentara, em março de 1983, no Congresso Nacional, a emenda que restabelecia as eleições para presidente da República. A *Folha* embarcara com tudo na campanha pelo fim da ditadura, assim como boa parte das lideranças civis do país. Eram tempos de Diretas Já.

No dia 25 de janeiro de 1984, no aniversário da cidade de São Paulo, uma multidão tomou a Praça da Sé para acompanhar o primeiro grande comício da campanha por eleições diretas. No palanque, ao lado de Márcio Thomaz Bastos, Tarso acompanhou os discursos de Leonel Brizola, Luiz Inácio Lula da Silva, Franco Montoro, Ulysses Guimarães e de outras lideranças políticas. A campanha ganhava força, apelo popular, apesar do boicote de parte dos meios de comunicação. No *Jornal Nacional*, da TV Globo, enquanto 400 mil pessoas cerravam os punhos ao grito de Diretas Já, o apresentador Cid Moreira tentava convencer, pateticamente, que aquela era apenas mais uma manifestação comemorativa do aniversário de São Paulo.

Tarso não perdoou tamanho cinismo. Sua coluna do dia 27 de janeiro nem precisou ser levada ao nono andar. Com o título de "Ditadura Global" foi aprovada por unanimidade:

"Bem que a multidão berrava, anteontem, no comício da Praça da Sé: 'Fora com a TV Globo.' E não apenas a multidão: desde a normal coragem de Fernanda Montenegro, essa notável mulher, até a absoluta maioria dos artistas contratados pela emissora do doutor Roberto Marinho, tudo refletia a revolta ante a total sabotagem feita à manifestação popular pelos 'noticiosos' da Globo (...) O comício acabaria por aparecer no *Jornal Nacional* na mesma noite como apenas sendo parte das comemorações do aniversário de São Paulo. Como se nada tivesse a ver com a gigantesca luta política que hoje se trava neste país. No mesmo 'noticiário' se gastava o dobro de tempo numas besteiras sobre aborto em Portugal e em maçantes repetições de afirmações vazias do esclerosado Ronald Reagan."

Exatos três meses após o comício da Praça da Sé, dia 25 de abril, a emenda das diretas foi votada na Câmara dos Deputados. Mesmo aprovada por 298 votos contra apenas 65, faltaram 22 votos para que fosse atingido o número exigido em mudanças constitucionais. Era o fim das Diretas Já. Para Tarso, só havia uma maneira de retratar o vexame do Congresso. No lugar do texto costumeiro, o colunista ilustrou a coluna com uma colagem de 65 imagens de Justo Veríssimo, o político corrupto criado por Chico Anysio, acompanhada da seguinte legenda: "Um impressionante flagrante do momento em que o Congresso Nacional, de maneira altiva e independente, decidia o destino das eleições diretas." O velho Frias adorou.

A paixão pela causa das diretas fez com que Tarso batesse pela primeira vez de frente com Leonel Brizola, seu ídolo político. O então governador do Rio, apesar de aliado incondicional das forças democráticas, chegou a ser acusado pelo colunista da "Ilustrada", dois dias antes da histórica votação no Congresso, de não se engajar pra valer em alguns momentos da campanha: "Uma coisa salta aos olhos: o prestígio de Leonel Brizola se chamusca cada vez mais. Não conheço história de líderes que abandonaram as massas que os apoiaram e tenham continuado merecendo confiança." O ataque mais duro seria desferido em maio do mesmo ano, no artigo "Brizola, entre a vaca e os ladrões", em que Tarso, apesar de inocentar o governador, lamentou as denúncias e os escândalos envolvendo o Banerj (Banco do Estado do Rio de Janeiro) e setores do governo fluminense.

Apesar das rusgas, Tarso e Brizola continuaram amigos. Em 1984, porém, o jornalista deixaria de lado o entusiasmo habitual pelo líder gaúcho para encantar-se por outra figura pública, esta um antigo desafeto: Tancredo Neves. Desde 1961, quando o político mineiro, hábil articulador, conseguiu convencer João Goulart a aceitar o parlamentarismo, dando fim à Campanha da Legalidade, Tarso não deixava de criticá-lo nos jornais. Na própria "Ilustrada", chegara a afirmar que Tancredo não deveria ter herdado a caneta de Getúlio Vargas, mas sim a sua pistola, para que pudesse repetir o gesto do presidente.

Governador de Minas Gerais, Tancredo tinha planos ambiciosos para o ano de 1984. O PMDB, seu partido, decidira disputar a sucessão do presidente João Figueiredo, no Colégio

Eleitoral, marcada para o dia 25 de janeiro de 1985, e tudo indicava que ele seria lançado candidato. Portanto, não era nada agradável que o colunista mais lido da *Folha*, o jornal da campanha das diretas, passasse o ano chamando o governador de traidor e sugerindo que ele metesse uma bala na cabeça.

O encontro entre o jornalista e o governador foi articulado por um amigo em comum: o colunista político da *Folha* Mauro Santayana. Diretor de redação da *Última Hora*, nos tempos em que Tarso sofria como repórter plantonista em Porto Alegre, e diretor da sucursal da *Folha* em Minas Gerais, de 1978 a 1982, período em que ganhou a confiança de Tancredo, Santayana sabia que bastaria colocá-los frente a frente para que as desavenças fossem esquecidas. Confiava, sobretudo, na capacidade de sedução de ambos:

"Quando eu me encontrava com Tarso, com quem tinha as melhores relações, sempre lhe dizia que era preciso conhecer melhor a vítima de sua peçonha. Ele, como era de seu estilo, sorria, e continuava despejando a sua raiva. Uma noite em que Tancredo, no governo de Minas, recebia algumas pessoas na residência oficial, em Belo Horizonte, José Aparecido (secretário de Cultura de Minas) surgiu de repente ao lado de Tarso. Tancredo recebeu o jornalista como se não houvesse lido uma só linha de suas agressões. Quando todos já se despediam, fez questão de que Tarso continuasse. E Tancredo, que passara a noite fingindo que bebia, serviu uísque ao jornalista, serviu-se também e conversou demoradamente sobre Getúlio e Jango, que eram ídolos de Tarso, além de elogiar os gaúchos e relembrar a saga dos chimangos e maragatos. Dois dias depois, o jornalista Octávio Frias, pai, que adorava a irreverência de Tarso, perguntou-me que uísque Tancredo servira a Tarso."

Num artigo escrito para a revista *Playboy*, em 1983, Tarso contou detalhes de bastidores do seu encontro com Tancredo. Confessou que bastaram poucos minutos para ele esquecer uma mágoa de 20 anos:

"Meia hora depois, lá estávamos. O uísque era Buchanan' (anos atrás, Tancredo dava preferência ao House of Lords), durante o almoço reclamei da acidez do vinho (o que me valeu a inimizade definitiva da chefe do cerimonial), pessoalmente tratei de convocar uma sobremesa mais ácida ainda:

— Governador, eu ainda não me conformei com a história do parlamentarismo.

— Talvez você não tenha entendido bem, Tarso.

"Quinze minutos depois, eu estava plenamente convencido de que o acordo feito por Tancredo em 1961 havia sido uma verdadeira dádiva dos céus."

Era com grande prazer que o tancredista de última hora passaria a atacar sistematicamente o adversário do político mineiro na corrida pela disputa no Colégio Eleitoral. Paulo Maluf, o candidato do PDS, era um prato cheio para qualquer colunista, ainda mais para Tarso, que pegava no seu pé desde os tempos da revista *Careta* e sabia como tirar do sério o então deputado federal mais votado de São Paulo. Se Maluf, de fato, foi responsável pelo fechamento da *Careta*, desconfiança que o jornalista alimentou durante anos, a vingança veio a galope. Os ataques eram diários e dirigidos não apenas ao político, mas a senhora sua mãe, dona Maria Maluf. Toda vez que denunciava alguma falcatrua do deputado, Tarso fazia menção "à bolsa de dona Maria":

"Não há a menor possibilidade de vitória de parte de Paulo Maluf, mesmo com o uso e abuso da bolsa de dona Maria inteiramente escancarada."

No dia 15 de janeiro de 1985, ao derrotar o filho de dona Maria Maluf no Colégio Eleitoral, Tancredo Neves tornava-se o primeiro presidente civil depois de mais de 20 anos de ditadura militar. A *Folha*, como o país, também passava por um importante processo de transição. Otávio Frias Filho assumia a chefia de redação no lugar de Boris Casoy, dando o pontapé inicial para um amplo processo de reformulação editorial, que acabaria com a implantação do chamado "Padrão Folha de Jornalismo". Padrão, definitivamente, não era com Tarso, como ele deixara bem claro durante uma entrevista concedida à jornalista Maria do Rosário Caetano, do *Correio Braziliense*, em agosto de 1984:

"Minha coluna na *Folha de S. Paulo* é meu analista. Lá faço meus desabafos. As pesquisas mostram que é uma das colunas mais lidas do país. Dá maior Ibope. Não sei por quê. Suponho que seja descontração, pela quebra da monotonia dominante no jornalismo brasileiro. Nosso jornalismo tornou-se tão especializado que perdeu a alma. Os jornais ficaram muito iguais. Minha coluna é irreverente, nela dou esporro, chamo o Maluf de ladrão, defendo a dignidade deste país angustiado. Busco munição nos bares, nas ruas. Sou um veículo dos anseios que as pessoas externam, nas conversas cotidianas. E não há copidesque para minha coluna. Ela sai como um esporro. Os jornais brasileiros acabaram com o talento individual, com o jornalista de estilo próprio."

Não havia, portanto, como padronizar o esporro de Tarso. A turma do *Manual de Redação*, outro achado de Otávio Frias Filho, bem que tentou. O jornalista era todo dia advertido por não colocar, como mandava o Manual, a idade das personalidades citadas na sua coluna. Quando a *Folha* publicou uma imensa lista de aprovados no vestibular da Fuvest, Tarso escreveu um irônico recado a Otávio Filho: "O jornal publicou uma lista de aprovados sem colocar a idade dos estudantes. Isso é uma barbaridade que vai contra a conduta estabelecida pelo *Manual de Redação*."

A relação de Tarso com os colegas de "Ilustrada" também já não era das melhores. Ao negar-se participar da eleição dos melhores e piores de 1984, promovida pelo caderno, o colunista não poupou os editores do caderno: "Nunca sei se as matérias aqui publicadas não estariam melhor num subsuplemento de *rock* ou num suplemento juvenil da 'Folhinha'. Além disso, trata-se de um julgamento fascista, uma vez colocado de cima para baixo e sem qualquer análise." O troco foi dado a Tarso na sua própria coluna, numa nota da redação: "Se a *Folha* fizesse julgamentos fascistas, jamais publicaria as críticas que o cronista Tarso de Castro dirige ao próprio jornal."

Praticamente de saída da *Folha*, Tarso ainda tentou convencer o velho Frias a lançar um jornal no Rio de Janeiro, batizado de *Folha Carioca*. O momento era propício. O *JB* começava a entrar num longo processo de decadência, e havia na cidade uma carência de jornais mais engajados, contestadores, lacuna que *O Globo*, de Roberto Marinho, estava longe de preencher. Frias era simpático à ideia, mas Otávio não. No dia 16 de março de 1985, uma nota foi publicada no lugar da coluna mais lida da *Folha de S. Paulo*:

"O JORNALISTA TARSO DE CASTRO, QUE MANTINHA UMA SEÇÃO NA 'ILUSTRADA', DEIXOU DE COLABORAR COM A *FOLHA*. DIVERGÊNCIAS COM AS CONCEPÇÕES JORNALÍSTICAS EM PRÁTICA NA *FOLHA* LEVARAM A DIREÇÃO DE REDAÇÃO A INTERROMPER ESSA COLABORAÇÃO."

Capítulo 14

O pau do editor

Em 1986, Tarso assumiu a chefia de redação da *Tribuna da Imprensa*. Não era o emprego dos seus sonhos. A começar pelo histórico de desavenças com a família Fernandes — o matutino carioca pertencia a Hélio Fernandes, irmão de Millôr. Convidado por Hélio Fernandes Filho, o único da linhagem com quem mantinha uma relação cordial, acabou convencido a aceitar o cargo. O desafio era por uma boa causa: de volta ao Rio, o jornalista podia, enfim, acompanhar de perto o crescimento do seu filho, João Vicente, nascido em 1983, fruto do relacionamento com a fotógrafa Gilda Barbosa da Silva.

Tarso e Gilda apaixonaram-se em 1981, quando trabalhavam na Editora Três, em São Paulo — ele editava a revista *Careta*, e ela era fotógrafa da revista *Status Plus*. Tarso não sabia, mas Gilda, vinte anos mais jovem, o conhecia desde os sete anos: eram vizinhos na rua Paul Redfern, em Ipanema. De família tradicional, ela era repreendida toda vez que subia o muro para acompanhar os encontros animados que o jornalista promovia no quintal de sua casa. O pai não queria vê-la perto do mesmo sujeito em quem ele esbarrava nos bares e restaurantes do bairro, ainda pela manhã, tomando um copo de vodca pura e conversando aos berros com os garçons e *maîtres*.

Quanto mais o pai de Gilda contava casos assustadores de Tarso — como o famoso "roubo" do anel de brilhantes da baronesa Sílvia Amélia —, maior era a paixão dela pelo personagem. A história se repetiu duas décadas depois, quando os dois se encontraram pra valer nos corredores da Editora Três. Assediada diariamente pelo jornalista, Gilda foi alertada por todos da redação — principalmente pelas mulheres – de que ele era um "homem perigoso". Aí não teve jeito: casaram-se meses depois. No dia 28 de março de 1983, uma nota da *Folha de S.Paulo* caiu como uma bomba em Ipanema: Tarso de Castro, o próprio, seria pai:

"O colunista da *Folha* Tarso de Castro está feliz com a vida. É que nasceu ontem, na clínica São Vicente, no Rio de Janeiro, seu filho, um lindo garotão com 3,450 kg. E 52 cm. O parto foi normal e tanto a mãe, Gilda Barbosa, quanto o bebê estão ótimos. O nome ainda não está decidido, mas Tarso quer que seja Glauber, em homenagem ao seu grande amigo, o genial cineasta que morreu em agosto de 1981."

Contra a vontade de Tarso, Gilda batizou o filho de João Vicente. Levar o nome do polêmico cineasta era um carma demasiadamente pesado para qualquer criança, argumentou a mãe. Os padrinhos Caetano Veloso e o arquiteto Márcio Roberto, um dos melhores amigos do jornalista, concordaram. Outro padrinho, Darcy Ribeiro, tranquilizou Tarso: João Vicente era o nome do filho de João Goulart.

*

O trabalho na *Tribuna da Imprensa* era menos penoso do que se imaginava. Não havia estrutura para montar uma equipe grandiosa, mas Tarso conseguiu levar alguns amigos. José Trajano, companheiro de "Folhetim" e "Ilustrada", assumiu o cargo de editor-chefe e indicou Palmério Dória, ex-*Folha*, então no *JB*, para editar o caderno de cultura. Tarso mal o conhecia, mas não só bancou a recomendação de Trajano como convidou Palmério para morar na sua casa, na rua Senador Simonsen, no Jardim Botânico — o anfitrião, mantendo a média de suas uniões matrimoniais, já havia se separado de Gilda. Trabalhar e morar com Tarso, lembra Palmério, não era para principiantes:

"Imagine o que eu passei nos seis meses em que morei com o Tarso no Jardim Botânico. Cada dia era uma mulher. Nos bares era a mesma coisa. No fim, bêbado, elas lhe ofereciam carona. E ele: 'É pra fuder?' A frase podia soar como uma grosseria na boca de qualquer homem, mas ele dizia de um jeito tão natural, com tamanho charme, que elas não resistiam."

Tarso, no pouco tempo em que esteve à frente das decisões editoriais da *Tribuna*, deu alegrias e dores de cabeça à família Fernandes. O jornal passou a vender mais no dia em que o chefe de redação teve a sacada de transformar a lista de preços da Sunab numa seção fixa do jornal — o Brasil vivia a época do Plano Cruzado e sua política de tabelamento de preços, implementada pelo então presidente José Sarney. O bom humor do editor também ajudou a impulsionar as vendas. Quando a princesa Anne, da família real britânica, feia como só uma plebeia podia ser, veio ao Brasil numa missão diplomática, Tarso não resistiu e bolou uma manchete *a lá Pasquim*: "Isso é princesa que se apresente!"

Hélio Fernandes só não esperava que ele mesmo, o dono de jornal, seria vítima da próxima brincadeira de Tarso. No dia 31 de março de 1986, aniversário dos 24 anos do golpe militar, a *Tribuna da Imprensa* saiu com uma edição inteira como se estivesse vivendo o dia do golpe. Na capa, fotos de militares tomando Brasília e um editorial escrito na época apoiando a "revolução". A edição *fake* comandada por Tarso, Trajano e Palmério era uma clara provocação a Hélio, um notório conservador, que havia comprado a *Tribuna* das mãos de Carlos Lacerda, golpista convicto.

Era o pretexto que Hélio Fernandes esperava para repreender os editores. Há tempos, ele não vinha gostando do tom editorial a favor de Leonel Brizola, então governador do Rio. Em entrevista ao *Pasquim*, em 1991, Tarso conta como foi sua saída da *Tribuna*:

"O jornal deu certo, até que, de repente, entrou em conflito, porque aí o Hélio se meteu, o Helião, o velho Hélio. Ele achava que a *Tribuna* estava muito oposição, dava muita notícia do Brizola. Aí eu falei: 'Ó, o Brizola é notícia. Então eu não posso cortar o Brizola. Você pode chamar na sua coluna o Brizola de filho da puta. Agora, eu não vou cortar a notícia de um fato'. Acabamos chegando a um conflito tal que eu pedi demissão e a equipe saiu comigo. Aí estava toda aquela equipe ali e eu falei: 'Olha, vou arrumar outro negócio'. E fundei *O Nacional*.

Lançar uma edição de *O Nacional* no Rio seria uma forma de homenagear o pai, Múcio de Castro, o grande responsável pelo sucesso do jornal no Rio Grande do Sul, morto cinco anos antes, em agosto de 1981. Tarso foi até Passo Fundo, convenceu o irmão Múcio de Castro Filho a lhe ceder a marca, e voltou ao Rio com a equipe de *O Nacional* na cabeça. Montar redações era o seu grande barato. Mucinho de Castro quase caiu duro quando o irmão apresentou a equipe da edição carioca levada às bancas, semanalmente, a partir de outubro de 1986:

Diretor-presidente: Tarso de Castro. Diretor de redação: Palmério Dória. Diretor-responsável: Luís Carlos Cabral. Editores: Eric Nepomuceno, Paulo Caruso, Nelson Merlin, Ernesto Soto e Joca Pereira. Colaboradores: Cláudio Abramo e Alex Solnik (de São Paulo), Fausto Wolff, Moacir Werneck de Castro, Mylton Severiano, Antonio Callado, Paulo Caruso, Guilherme Cunha Pinto, José Trajano e Flávio Tavares (de Buenos Aires).

Quem iria pagar esta constelação de craques? Assustou-se o irmão. Tarso tinha a resposta na ponta da língua: Leonel Brizola. O jornalista queria repetir a façanha de Samuel Wainer, que nos anos 1950 conseguira uma farta linha de crédito do Banco do Brasil para a criação da *Última Hora*, desde, claro, que o jornal fosse para as bancas a serviço de Getúlio Vargas. O plano de Tarso, megalomaníaco para muitos, deu certo. O governador do Rio comprometeu-se a anunciar as proezas da sua administração em *O Nacional* e nem precisou pedir ao diretor-presidente, brizolista de primeira hora, que puxasse sardinha para seus feitos políticos.

A redação de São Paulo foi planejada ao gosto do chefe. Tarso alugou duas suítes no luxuoso hotel Eldorado Higienópolis, localizado numa das regiões mais charmosas da cidade, e improvisou dois escritórios. Idiossincrasia paga por outro peso pesado da política nacional, Franco Montoro, governador de São Paulo, que anunciou nos primeiros números de *O Nacional*.

Quando não estava no hotel, Tarso podia ser visto, claro, comandando reuniões com a sucursal paulista no Rodeio. Frequentado pelo jornalista desde os tempos do "Folhetim", nos anos 70, o restaurante dos Jardins continuava sendo sua segunda casa e palco de alguns acertos de contas. Toda vez que topava com Ziraldo, por exemplo, o pau comia. Brigas entre os dois tornaram-se tão rotineiras que o cartunista, cansado de passar vexame, adotou uma nova tática, para escapar ileso dos encontros: enquanto Tarso dizia todos os impropérios possíveis em seu ouvido, ele fingia que nada acontecia, abrindo um sorriso cínico para as pessoas à sua volta.

    O que parecia impossível ocorreu em meados de 1986. Tarso divorciou-se do Rodeio ao saber que o *maître* Ramón López, seu grande amigo, havia deixado o restaurante. Querido por toda a freguesia, Ramón, um espanhol boa-praça que chegara ao Brasil em 1951, viciou-se em corridas de cavalo. Com o tempo, passou a gastar o salário todo no Jóquei Clube de São Paulo. Tarso, solidário, chegou a emprestar dinheiro ao *maître*, mas não teve jeito: afundado em dívidas, com dificuldades para se concentrar no trabalho, acabou dispensado, depois de anos de casa. Para Tarso, *maîtres* da fidelidade e classe de Ramón não se encontravam em qualquer esquina. Indignado, passou a beber seu uísque no The Place e no Esplanada Grill. Para alívio de Ziraldo.

    Prestigiado pelo sucesso nas bancas (70 mil exemplares em média em cada edição semanal), *O Nacional* entrou pra valer no clima das eleições para o governo do Rio, marcada para o fim de 1986. A disputa, acirradíssima, era travada entre o candidato de Brizola, Darcy Ribeiro, do PDT, e Moreira Franco, do PDS. Na coluna "O Pau do Editor", Tarso cumpria com o brilho habitual a missão de atacar os inimigos do governador fluminense. Sobrava para Roberto Marinho, presidente das Organizações Globo, histórico desafeto de Brizola, para o presidente José Sarney, aliado de Moreira Franco, e até para o candidato nanico Agnaldo Timóteo:

"Sr. Agnaldo Timóteo, no seu governo como serão tratados o passivo e o ativo do estado?

"Uma ótima notícia para Agnaldo Timóteo: está sendo construída no Estado de Nevada, nos Estados Unidos, uma cidade só para homossexuais. Não seria uma boa o nosso veado canoro ir tentar a vida política por lá?"

Em *O Nacional*, Tarso iria resgatar uma parceria de sucesso da *Última Hora*. Não havia um dia em que sua coluna não fosse ilustrada pelos desenhos de Jaguar. O mesmo que o jornalista "enterrara" anos antes, numa nota fúnebre na "Ilustrada". As desavenças entre os dois foram resolvidas num duelo inesquecível, como lembra o cartunista:

"Eu estava tomando minhas biritas na mesa dos fundos do Degrau, quando o Tarso empurrou a porta com um tranco e berrou pra todo mundo ouvir: 'Jaguar, seu veado, vamos duelar! Escolha as armas!' 'Conhaque', respondi. Modéstia à parte, eu estava num daqueles dias em que a gente pode beber um Amazonas que não fica de porre. Ganhei: carreguei o Tarso desmaiado até a casa dele."

Tarso não venceria o maior dos duelos: manter *O Nacional* de pé. O bom desempenho nas bancas não bastou para equilibrar as finanças. Sem dinheiro em caixa, o semanário fechou as portas em janeiro de 1988, de uma forma melancólica, reproduzindo traduções de entrevistas com George Lucas e Sting. Há várias versões sobre o fim do jornal que muitos consideram a melhor criação de Tarso de Castro.

Para alguns, o problema foi meramente administrativo. Um jornal de tamanho médio, que sobreviva apenas com publicidade pública, jamais poderia se dar ao luxo de manter uma sucursal dentro de um hotel cinco estrelas em São Paulo, muito menos bancar uma equipe de articulistas de fazer inveja até às grandes publicações. No Rio, Tarso fazia questão de levar a equipe inteira para comer e beber nos restaurantes e boates mais sofisticados da cidade – a dívida só não foi maior porque no Hippopotamus, de Ricardo Amaral, amigo devoto do jornalista, ninguém jamais pagou uma dose de uísque.

Há quem acredite, como Palmério Dória, que *O Nacional* perdeu a mão a partir do momento em que Tarso, depois de se apaixonar perdidamente por uma das editoras, bancou a edição de um interminável caderno de moda, o "Vista-se". De fato, era estranho um jornal, que havia se tornado espaço importante da esquerda brasileira, com artigos de Cláudio Abramo e editoriais de Leonel Brizola, destinar uma página inteira a um ensaio da então namoradinha de Caetano Veloso, Paulo Lavigne, de 17 anos, enrolada numa toalha.

Para a grande maioria, o jornal pagou o preço por ser demasiadamente político, ligado a lideranças como Leonel Brizola e Franco Montoro. Com a eleição de Orestes Quércia, em São Paulo, e de Moreira Franco, no Rio, *O Nacional* sobreviveu apenas com os anúncios pagos por Saturnino Braga, prefeito do Rio e aliado de Brizola. Mesmo assim, por pouco tempo. Tarso não tinha receio de criticar Saturnino abertamente, mesmo sabendo que dependia da publicidade paga pela gestão do prefeito para não atrasar o salário dos jornalistas:

"Pois eis que, de repente, as opiniões sobre o prefeito do Rio de Janeiro, senhor Saturnino Braga, estão divididas. Há uma ala, entretanto, que está plenamente convicta de que há um responsável pelo rompimento dos compromissos de Saturnino com o seu partido, o PDT, e mesmo com o senhor Leonel Brizola (...) Para corroborar o disse me disse, um dos mais influentes assessores do governador do PMDB do Rio de Janeiro alardeava num restaurante da moda, outro dia, o seguinte: O Moreira me deu um ano para dobrar Saturnino. Levou apenas três semanas."

A verdade era que Tarso não sabia fazer jornal a favor de ninguém. Nem de Brizola. Em 1988, convocado por Carlos Brickmann e Adilson Laranjeira, e abençoado mais uma vez por Octávio Frias de Oliveira, ele voltaria a atormentar os políticos do país com uma desaforada coluna na *Folha da Tarde*.

Capítulo 15

Pai solteiro

A *Folha da Tarde*, capitaneada por Adilson Laranjeira e Carlos Brickmann, havia decidido montar um time encorpado de colunistas para concorrer com o *Jornal da Tarde*, do Grupo Estado. Assumiram seus postos Telmo Martino, Mino Carta, Murilo Felisberto, Paulo Markun, Jaguar, Perseu Abramo, Fernando Mitre. Octávio Frias de Oliveira fez questão de sugerir o seu preferido, mesmo sabendo que sua simples presença causava tremedeira no departamento jurídico. Ter Tarso de Castro como colunista, apostava o *publisher* da *Folha*, era garantia de publicidade e visibilidade, independentemente do inevitável aumento no número de processos contra o jornal.

Laranjeira, secretário de redação da *Folha da Tarde*, conhecia o colunista desde os tempos de "Folhetim", nos anos 70. Queria fazer o convite pessoalmente, mas, ocupado com a reformulação do jornal, passou a bola para Brickmann, editor-chefe. A proposta foi feita por telefone, e Tarso comprometeu-se a ir a São Paulo assim que terminasse uma endoscopia. Preocupado com o estado de saúde do futuro colunista da *FT*, Brickmann escolheu o restaurante Dinho's Place, no Largo do Arouche, famoso por servir boas saladas. Por certo, pensou o editor-chefe, Tarso, depois de um exame complicado, iria preferir comer algo mais leve e saudável.

Brickmann chegou ao restaurante e avistou Tarso, já sentado, terminando de esvaziar uma garrafa de Black Label. Na mesa, apenas um pratinho com algumas rodelas de rabanete, intocadas. Os dois se apresentaram:

— Como vai, Tarso?

— Ótimo, Brickmann.

— Pelo jeito a endoscopia foi adiada.

— Não, acabei de fazer.

— Hã? Mas....Você está bem?

— Estou.... tá ardendo um pouquinho a garganta.

Como Frias imaginava, o novo colunista ajudou a aumentar as vendas e o número de encrencas da *Folha da Tarde*. Tarso havia escolhido novas vítimas. Deixara de pegar no pé de Paulo Maluf e Jânio Quadros, seus preferidos dos tempos de "Ilustrada", para atormentar a vida de Orestes Quércia. O governador de São Paulo ganhou logo de cara um epíteto carinhoso do jornalista: "Dama de Ferro":

"Mas, minha nossa, deu a louca na Dama de Ferro, o nosso *darling* Orestes Quércia. Imaginem que a maior mobilização já feita pela polícia de São Paulo foi concluída com grande sucesso. É que, depois de meses de exaustivo trabalho, um dos maiores crimes já ocorridos em São Paulo teve sua solução encontrada: sabe-se agora, com riquezas de detalhes, que foi Maria de Deus Ratte quem pôs o governador de baiana num cartaz de rua. Eu bem que avisei a Maria de Deus que ela não deveria fazer um vestido tão simplezinho. O Orestes sempre foi muito estilizado, não dispensa paetês e miçangas."

 O governador de São Paulo não era o único a receber tal tratamento. Ayrton Senna, na época despontando como um dos maiores pilotos de Fórmula 1, também ganhou o seu apelido. Toda vez que vencia uma corrida, o colunista tratava de saudá-lo como "o nosso Veado Veloz".

 Se Tarso deixava de mandar a coluna do Rio, todos na redação já sabiam que chegara a hora de ele passar uns tempos cuidando da saúde na clínica São Vicente, no bairro da Gávea. A recomendação dos médicos era de repouso e de abstenção etílica. Adilson Laranjeira, ansioso pela volta de seu melhor colunista, ligava diariamente para a clínica. Desistiu ao saber quem eram as suas duas visitas mais frequentes: Paulo César Pereio e Jaguar.

 Ao contrário de outros tempos, quando, ao receber alta, pegava um táxi diretamente para o bar mais próximo, Tarso havia mudado o itinerário. Passava antes em casa, na rua Senador Simonsen, no Jardim Botânico, para buscar o filho João Vicente, de cinco anos. Contrariando todas as expectativas, inclusive das amigas de sua ex--mulher Gilda Barbosa, que achavam uma temeridade o menino morar na mesma casa do pai mais anticonvencional do Rio de Janeiro, Tarso se mostrou um "paizão" dos mais carinhosos.

A relação com o filho era tão intensa e apaixonada que ele sofreu como uma criança ao saber que João Vicente passaria a ir à aula sozinho, de perua escolar. Tarso quis saber de todos os detalhes: se os pneus da perua estavam em bom estado, se o breque funcionava, se o motorista era cuidadoso. Não se convenceu: entrou na perua e foi junto nos primeiros dias. Amigos se arrependem até hoje de não ter tirado uma foto do marmanjo enfiado no banco de trás, cercado de crianças.

A devoção ao filho acabou virando tema de livro. Em novembro de 1990, o jornalista Alex Solnik organizou uma caprichada coletânea de artigos escritos por Tarso. A obra, batizada de *Pai Solteiro e outras Histórias* dava preferência aos textos sobre a sua relação com o único filho – na capa, desenhada por Fortuna, Tarso aparecia de avental e chocalho na mão, tentando, inutilmente, animar João Vicente. O livro é uma pequena obra-prima, com textos divertidíssimos, como o primeiro capítulo, "O Pequeno Poliglota":

"(...) De repente olhei para o garoto e fui obrigado a admitir que ele já era, praticamente, um homem feito. Cá pra nós, que inteligência! Coisa que, aliás, em nada me surpreende. Vejam vocês, por exemplo, que, quando ele tinha apenas uns três ou quatro meses de idade, certo dia descobri que já falava inglês. Falava, na verdade, não. Mas arranhava — pelo menos nos verbos. Foi uma surpresa de tal ordem que berrei para a mãe dele:

— Foi você que ensinou inglês a ele? — perguntei, naturalmente alegre.

— Pelo amor de Deus! — respondeu-me ela, confirmando.

— Obrigado, querida — sorri eu. Foi genial, ele aprendeu direitinho.

— E, falando para o garoto, comuniquei:
— Olha, filhote, agora o papai vai trabalhar. Ok?
"E ele, tranquilo:
— Go!"

Na sua nova rotina de pai solteiro, Tarso podia ser visto em dois lugares no Rio de Janeiro, sempre com o João Vicente a tiracolo. O primeiro era o Bar Joia, pertinho da sua casa, lá mesmo no Jardim Botânico. Pai e filho passavam o fim de tarde na varanda, cumprimentando vizinhos ilustres, como Otto Lara Resende e Geraldinho Carneiro. Para o outro reduto era preciso ir de carro, se é que se podia chamar de carro o velho Dodge Dart branco que o jornalista pilotava até o restaurante Plataforma, no Leblon.

Tarso tinha um apreço todo especial pelo seu Dodge Dart. Os amigos nem tanto. Sérgio Cabral jamais esqueceu do dia em que deixou o filho Serginho dar uma voltinha no quarteirão com o "tio Tarso". Praticamente não saíram do lugar: a barra de direção soltou na primeira curva, evitando um acidente mais grave. José Trajano não teve a mesma sorte, lembra ele:

"Um dia, em Ipanema, saímos de um bar completamente bêbados. O Tarso, dirigindo o Dodge Dart, entrou na Visconde de Pirajá a mais de 100 km por hora, como um alucinado. Um cara passou no farol vermelho e bateu na gente. Entramos com meio carro dentro de uma loja. No meio do tumulto, passou por ali o (ator) Stepan Nercessian. Ele viu que era a gente e se ofereceu para nos levar ao hospital Miguel Couto. Só sei que algumas horas depois, às 10 da manhã, já estávamos os dois, cheios de curativos, bebendo na padaria com o Stepan."

Pilhas de multas chegavam todos os dias à casa do antigo dono do Dodge Dart, que jamais teve coragem de repassá-las ao novo proprietário. Para Tom Jobim, passar a vida se responsabilizando pelas barbeiragens do jornalista não chegava a ser um sofrimento. O duro mesmo era evitar os tradicionais e temidos selinhos de Tarso de Castro.

"Na boca, não!", gritava o compositor toda vez que os dois se encontravam em algum bar ou restaurante do Rio. Apesar do apelo, raramente escapava do malho. Tarso era apaixonado por Tom. Ao chegar ao Rio, em 1962, um de seus orgulhos de juventude era ser confundido, no bar Jirau, em Copacabana, com o músico. Com o tempo, tornaram-se íntimos. Bebiam juntos, acompanhados de Vinicius de Moraes, na churrascaria Careta, em Ipanema. O poeta deixou de acompanhá-los quando os dois decidiram mudar para outra churrascaria, no Leblon, na qual Vinicius não achava graça, mas eles adotaram como uma segunda casa: a Plataforma, de Alberico Campana.

Tom, assim como Tarso, quando adotava um lugar para beber e comer era pra valer. Levava a sério. Alberico, que o conhecia desde os tempos do Beco das Garrafas (era dono das boates Little Club e Bottle's, redutos da bossa-nova), sabia atender aos seus caprichos. Não podia faltar, por exemplo, uma xícara com seis dentes de alho semicozidos, que o próprio compositor misturava à carne ou ao peixe, com as mãos. Sua mesa, propositadamente, ficava num ponto estratégico: ele podia ver, sem ser notado, quem entrava no restaurante. Se fosse um amigo, fazia um sinal a Alberico para pegar mais uma cadeira. Se fosse algum chato qualquer, era levado para o outro lado.

Na mesa de Jobim eram bem-vindos João Ubaldo Ribeiro, Chico Buarque, Antônio Pedro, Miguel Farias, Paulo Mendes Campos, Sérgio Cabral e, claro, Tarso de Castro. Nos últimos tempos, Tom se queixava a Cabral que Tarso adquirira outro hábito repugnante, ainda pior do que a tradicional bitoquinha: "Cabralzinho, ele agora deu de ficar apertando meu pau. Dói pra cacete." As tardes na Plataforma passaram a ser menos divertidas. No restaurante, Tarso, debilitado por uma cirrose hepática, teria a primeira das oito hemorragias que o levariam à morte em menos de um ano.

Durante anos, amigos tentaram, inutilmente, convencer Tarso a parar de beber. Luiz Carlos

Maciel o levou aos Alcoólatras Anônimos (AA). Seu argumento para não frequentar as reuniões foi convincente: "Prefiro a morte ao anonimato." Uma namorada o aconselhou a passar um tempo em casa, sedado, para "limpar o organismo". "Mas me diga uma coisa: e se o governo cair? Se eu acordar e mudou o governo? Aí, porra, vou ficar irritado com todo mundo durante anos! Eu quero estar presente! É uma espécie de doença, mas paciência", confidenciou à revista *Playboy*, em 1983. Palmério Dória pediu a ele que, pelo menos, deixasse de beber pela manhã. A resposta estava na ponta da língua: "Prefiro viver pela metade por uma garrafa de uísque inteira do que viver a vida inteira bebendo pela metade."

Quando Tarso, depois de uma nova hemorragia, deu entrada, em coma, na clínica São Vicente, seu médico, o clínico-geral Pedro Henrique Paiva, assinou o atestado de óbito e avisou a família: "Podem comprar o caixão." Não sabia com quem estava lidando. Horas depois, enfermeiros foram surpreendidos por um grito vindo da UTI: era o "morto" pronto para mais uma dose: "Pooooooorra, me tirem daqui!" Paulo César Pereio, impressionado com a resistência do "canalha", só aceitou levar Tarso para a Plataforma se ele prometesse, por escrito, doar o superfígado depois de morto.

Na oitava hemorragia de Tarso, Miguel Kozma, velho companheiro desde os tempos de Passo Fundo, entrou em ação. Conseguiu, com o jornalista Fernando Moraes, então secretário estadual de Educação de São Paulo, um quarto no Hospital das Clínicas, onde Tarso seria tratado pelo médico Silvano Raia, o maior especialista em doenças do fígado do país. Segundo Raia, só havia uma saída para o paciente: o transplante de fígado, desde, claro, que ele decidisse parar de beber. Levado de ambulância do Rio para São Paulo, a primeira providência de Tarso foi se livrar dos tubos de soro grudados em seu braço. A segunda, dar um abraço em Roberto Macedo, proprietário do Rodeio.

Miguel Kozma conseguiu a proeza de convencer o amigo a parar de beber por algumas semanas. Para um grupo de ciganos, conhecidos de Teresa, mulher de Miguel, o milagre não ocorreu por acaso. A história, cheia de lances macabros e confirmada pelo próprio Tarso, durante entrevista ao programa *Jô Soares Onze e Meia*, do SBT, começou no dia em que um dos ciganos, impressionado com o estado de saúde do jornalista, cismou que havia no Rio um trabalho de magia negra contra ele. Foram todos de carro até o Méier, subúrbio da cidade, onde encontraram um boneco, um mini Tarso, com uma coroa de espinhos na cabeça e agulhas em todo o corpo, com maior incidência na região do fígado. O vodu foi queimado lá mesmo, e o cigano garantiu, de pés juntos, que a partir dali o doente estaria curado.

Não era a primeira vez que o jornalista tinha o seu nome usado num ritual. Vinte anos antes, ao sair completamente endividado de *O*

Pasquim, em 1971, uma namorada decidiu fazer despacho para o amado sair logo da crise financeira. Levou ao terreiro um par de meias, o mesmo que Tarso havia pedido emprestado para Chico Buarque durante uma festa na casa do compositor. Conclusão: Tarso continuou duro por um longo tempo e Chico ganhou seu primeiro milhão ao fazer um tremendo sucesso com o disco *Construção*.

Com ou sem despacho, Tarso voltou a beber. Conseguiu convencer — não se sabe como — todas as enfermeiras do Hospital das Clínicas de que era importante ele ter duas garrafas de uísque debaixo da cama. Só não conseguiu seduzir o diretor do Instituto do Fígado, Jorge Pagura, como lembra Fernando Moraes: "*O Pagura, um escroto da pior linha, ligado a Paulo Maluf, me ligou dizendo: 'Se ele quer beber que faça isso num botequim e não num hospital. Tira esse vagabundo daqui!'*"

Não precisou: no dia 20 de maio de 1991, vítima de cirrose hepática, Tarso foi beber em paz com Vinicius de Moraes e Roniquito.

O desejo da família era de que o corpo fosse enviado imediatamente para Passo Fundo, logo depois do velório na Assembleia Legislativa de São Paulo. De novo, Fernando Moraes ofereceu ajuda. Ligou para Luiz Antônio Fleury Filho, que havia acabado de ser eleito governador de São Paulo, apoiado por seu antecessor, Orestes Quércia, e fez o pedido:

— Governador, preciso que o senhor libere um jatinho para levar o corpo de um amigo com urgência até Passo Fundo.
— Quem morreu?
— O jornalista Tarso de Castro.
— Quem?
— O Tarso.
— Aquele que chamava o Quércia de a "Dama de Ferro" todo dia no jornal?
— Ele mesmo.
— Você está louco? Não posso fazer isso.
— Governador, o Quércia não precisa ficar sabendo.
— Tudo bem. Mas pelo amor de Deus, se ele souber eu sou enterrado junto com o Tarso.

Em Passo Fundo, logo que o corpo chegou ao saguão do aeroporto Lauro Kurtz, Tarso recebeu a primeira "homenagem". Ao saber que ali estava sendo transportado o corpo do polêmico jornalista, Romeu Tuma, então superintendente da Polícia Federal, não se conteve: "Aquele subversivo boca suja?" Ser chamado de boca suja por um ex-diretor do Dops era um elogio e tanto. A segunda homenagem partiu do amigo Otto Lara Resende, articulista da *Folha de S. Paulo*, em texto publicado dois dias após sua morte:

"(...) Tinha um pacto de felicidade com a vida. Pouco importava que a vida não cumprisse a sua parte. Eu interpelava os astros: de quem foge Tarso de Castro? Que persegue Tarso de Castro? Ele ria. E o riso apagava no rosto o vinco das noites boêmias. A vida jogada fora, num gesto de desdém e de rebeldia. Mas onde está a vida dos que a depositaram na poupança? Na vertigem com que vivia, no seu furor, havia, sim, um sinal de maldição. Sua morte nos punge como um remorso. Tantas imposturas, tantos vencedores! Adeus, Tarso."

Fonte:
Georgia
Papel:
Cartão LD 250g/m2 e pólen Soft LD 80g/m2
da Suzano Papel e Celulose